출근길엔 니체
퇴근길엔 장자

출근길엔 니체
퇴근길엔 장자

회사 앞 카페에서   철학자들을 만난다면

필로소피 미디엄 지음
박주은 옮김

한국경제신문

직장인이여, 철학이라는 무기를 손에 넣어라

'철학'이라고 하면 어쩐지 감성이나 열정과는 거리가 멀고 이성이나 냉정과 더 관련 있어 보인다. 그러나 철학자들이 감정이나 정서 같은 부드러운 주제에 아무런 관심도 없는 것은 아니다. 특히 최근의 철학 연구자들은 인간의 심리 상태, 심리적 태도 같은 감정의 문제에 깊은 관심을 기울이고 있다. 역대 철학자들의 관점을 검토해보면, 철학 또한 우리의 일상으로부터 그리 멀리 있지 않다는 사실을 발견하게 될 것이다.

이 책에서는 주로 직장인들이 처하게 되는 현실과 자주 맞닥뜨리는 심리 상태에 초점을 맞추어, 열다섯 가지 주제를 선별하고 일상의 풍경 및 심리적 처지에 대해 고찰하고자 한다.

각각의 주제에 관해서는 한 명의 철학자가 그 주제와 관련된 철학적 관점을 풀어나갈 것이다. 이러한 철학적 관점을 따라가다 보면, 일상에서의 정서적 곤경에 대해 미처 생각지 못했던 관점, 현실에서 취할 만한 대응법, 나아가 해답까지 얻게 될 것이다.

이 책에서 언급할 철학자들은 서양의 하이데거, 사르트르, 니체, 칸트, 파핏, 카뮈, 마르크스, 들뢰즈를 비롯해 중국의 손자, 왕양명, 맹자, 공자, 장자, 순자, 한비자까지 포함돼 있다.

철학자들은 자신이 다루는 문제에 대해 매우 진지하다. 진지하게 파고들지 않으면 문제의 표면에만 머무르게 될 뿐이며, 잡다한 디테일의 유혹에 빠져 진짜로 다뤄야 할 주제를 망각해버리기 쉽다.

철학자들은 사고의 치밀성으로, 어떤 의문이나 곤경을 마주하더라도 관련 개념을 철저히 분석, 통합함으로써 문제의 절반은 해소한다. 독자들은 철학자들이 내놓는 처방이라는 것이 곧 사실에 대한 명확한 인식에 다름 아니라는 점을 발견하게 될 것이다. 그런 명확한 인식을 바탕으로 현실의 삶을 운용하거나 수양을 하거나 반항, 혁명으로 나아가는 것이다. 여기까지 이르러야 비로소 문제를 해결했다고 말할 수 있다.

그러므로 독자들 중에는 이 책에서 제시하는 해결법이 그다지 긍정적이지 않다고 느낄 수도 있다. 철학자들은 맹목적인 낙관도, 일체의 저항을 포기해버리는 비관도 거부하기 때문이다.

그들은 철저히 실질적이고자 한다. 철학자들은 우리로 하여금 문제를 똑바로 대면하도록 고취한다. 동시에 우리에겐 스스로 행동할 자유가 있으며 우리의 운명을 창조할 능력이 있다고 믿는다.

단지 이 책을 읽는 것만으로 열다섯 가지 심리적 곤경을 즉각 해결할 수 있는 것은 아닐지 모른다. 그러나 이 책이 제시하는 철학적 관점을 통해 사고의 전환이 일어날 수 있으며, 이는 이성적 사유의 열매를 맺는 기초가 될 수 있다.

우리가 하는 생각은 어느 날 갑자기 하늘에서 뚝 떨어진 게 아니라, 철학자들이 빚어낸 사유의 결정을 근간으로 한 경우가 많다. 생각이란 컴퓨터에 자료를 내려받듯 간단히 얻어지는 것이 아니다. 스스로의 인식 능력으로 부단히 곱씹은 뒤라야 비로소 자신의 생각이 되고 나아가 자신만의 원칙과 행동 지침이 된다.

모쪼록 이 책이 당신의 사유 능력과 인식 태도를 기르는 데 도움이 되기를 바란다. 철학은 분명 직장생활에 큰 도움이 되는 친구가 돼줄 것이다.

　이 책에서 언급하는 심리적 곤경에 처해봤거나, 주변 사람들에게 조언을 구해봤지만 답을 얻지 못했던 적이 있다면, 철학자들과 이야기를 나눠보자. 혹시 아는가, 전혀 생각지도 않았던 해답의 실마리를 찾게 될지!

필로소피 미디엄 공동창업자

추셴이(邱獻儀)

출근길엔 니체, 퇴근길엔 장자
차례

CHAPTER
1
출근길의 지혜
서양철학

CHAPTER 1

출근길의 지혜
서양철학

걱정
직장인의 기본 심리 상태

하이데거
번뇌를 어떻게 초탈할 것인가

여기도 걱정, 저기도 걱정, 말을 해도 걱정, 안 해도 걱정, 실행을 해도 걱정, 안 해도 걱정이다. 직장생활은 바쁘고 현대사회는 번잡하기만 한데, 이런 와중에 걱정이 하나도 없는 사람이 과연 존재할 수 있을까? 걱정은 모든 직장인의 기본적인 심리 상태이자, 모든 현대인의 마음속 풍경이기도 하다.

독일의 철학자 하이데거는 어떤 일이나 사물에 대해 걱정이 생겨나는 것은 인간의 본성이며, 무얼 걱정하는지 명확히 하기만 해도 진실로 걱정할 것은 없다고 생각했다. 그는 걱정(번뇌)을 초탈함으로써 진정한 자신의 삶을 살 수 있다고까지 말한다. 바로 여기에 걱정의 긍정적 의의가 있다.

당신의 걱정은 당신만의 독특함을 반영한다

하이데거가 보기에, 걱정은 우리 인생에서 매우 중요한 역할을 한다. 걱정은 모든 사람이 공유하는 일련의 가치체계를 드러내기 때문이다. 이러한 가치체계는 각자의 주관적 견해에는 영향을 받지 않는 카탈로그와 같다. 그러나 각자는 이러한 가치체계를 거듭 재배열해나간다. 어떤 사람은 일이 가정보다 중요하다고 생각하고, 어떤 사람은 언변보다 실행력이 중요하다고 생각한다.

각자의 가치체계는 저마다 다른 순서로 배열되어 있으며, 그 안에는 객관성과 주관성이 모두 포함되어 있다. 세계에 대한 우리의 인식에도 주관성과 객관성은 혼재되어 있다. 그래서 상호 간의 의사소통이 가능한 것이고, 그 과정에서 차이 또한 발생하는 것이다.

가령 같은 사회에 살면서 비슷한 정보를 접하고 비슷한 교육을 받았다면 각자가 생각하는 세상의 모습에도 공통 요소가 많다. 그래서 우리는 비슷비슷한 고민을 하면서 살아가는 것이다. 만약 대만 사람이라면 각자 어떤 견해를 가지고 있든, 대만과 중국 사이의 정치·경제 관계에 대해 공통적으로 고민하고 있을 것이다. 다만 각자의 주요 활동이나 세상에 대한 인식의 디테일이 조금씩 다르기 때문에 고민의 대상이 조금씩 다를 뿐이다.

유리공예의 장인은 유리와 관련된 인식이 다른 사람보다 많을 것이고, 그가 생각하는 세상도 다른 사람이 생각하는 세상보다는 유리와 관련된 부분이 더 많을 것이다. 당연히 그의 주된 고민에도 특수한 일면이 존재한다. 이를테면 유리 원료의 가격이라든가.

걱정은 타인과의 소통의 고리가 되기도 하고, 나만의 독자적 생명력이 되기도 한다. 걱정은 사람과 사람 사이, 인간과 세계 사이의 소통을 촉발한다. 걱정에는 걱정을 불러일으키는 대상의 이중성이 반영되어 있기 때문이다.

어떤 일이 우리 뜻대로 되지 않을까 걱정할 때의 '뜻대로'에는 보통 두 가지 의미가 담겨 있다. 하나는 우리 자신의 기대 혹은 소망이고, 다른 하나는 다른 사람의 기대 혹은 시선이다. 즉 어떤 일이 뜻대로 되지 않는다는 말에는 내가 원하는 대로 되지 않았다는 의미와 남들의 기대와 소망에 부응하지 못했다는 의미가 함께 내포되어 있다. 그래서 걱정을 불러일으키는 것이다.

만약 어떤 아이가 성적이 중요하지 않다고 느끼고 있고 자신의 성적이 남들 눈에 왜 중요한지도 이해하지 못하고 있다면, 그 아이에게 성적은 전혀 걱정을 불러일으키지 않을 것이다. 그런데 성적이 자신에게는 중요하지 않지만 남들 눈에는 왜 중요한지를 인식하고 있다면, 남들의 시선이 아이에게 걱정을 불러일으킬 것이다.

이렇듯 우리가 하는 걱정에는 나와 남들이 공유하는 인식과 가치가 반영돼 있다. 우리가 전혀 염두에 두지 않고 중요하게 생각하지 않고 있는 뭔가는 걱정을 불러일으키지 않는다. 내가 중요하게 여기는 것과 남들이 중요하게 여긴다고 내가 생각하는 것 사이에 격차가 벌어질 때 걱정이 생겨난다. 걱정에는 나 자신의 인식과 세상에 대한 나의 인식, 이 두 가지가 같이 담겨 있기 때문이다.

하이데거에 따르면, 이러한 이중의 인식은 우리가 새로운 길을 열고 초탈을 추구하도록 만드는 조건이 된다. 걱정에는 우리 자신과 세계에 대한 인식이 반영되어 있으므로, 이번에는 뜻대로 되지 않았더라도 다음번에는 같은 기회를 통해 타인의 시선 아래 있던 자기 자신을 넘어설 수 있게 되는 것이다.

걱정 넘어서기

걱정에 반영된, 세계에 대한 이중의식에는 자아초월의 가능성이 내포되어 있다. 그러나 대부분의 경우 걱정은 자아초월의 가능성을 차단하는 장벽처럼만 보인다. 우리는 자신을 평범하다고 여기기 때문에 "남들이 그러는데"라는 말 뒤로 자신을 감추고, 범속한 하루하루의 삶을 걱정하면서 산다.

하이데거는 자기 존재에 대한 물음을 잊을 때 인간의 실존이 획일적 범속의 상태로 빠져든다고 생각했다. 당당히 나서려 하지도 않고, 눈앞에 보이는 내 상태가 나의 전부라고 여기게 된다. 그러고는 습관처럼 대중의 존재 뒤로 숨어버리는 것이다. '상상의 대중'은 우리 모두가 인식하고 있는 존재다. "사람들이 그러는데……"라든가 "내가 듣기엔……"이라고 말할 때 호출되는, 모종의 대표성을 지닌 이름 없는 인격 말이다.

그렇다면 스스로를 당당히 내세우는 사람들은 하이데거가 말하는 '초탈한 자아'인가, 라고 생각하는 독자도 있을지 모르겠다. 그렇지는 않다. 자아를 내세우고 표현하기를 좋아한다 해도 많은 이들이 여전히 어떤 '부류' 뒤로 숨기를 선택하고 있기 때문이다. 마지막까지 타인의 깃털로 자신의 생김새를 치장하려 드는 것이다. "열심히 사는 사람들이라면, 민주

시민이라면, 좋은 선생님들은 대개…… 이러이러한 법이지"
라는 식이다.

이들은 자신만의 개성과 강점을 드러내고자 하는 동시에,
자기 자신을 추상화된 특정 부류와 동일시하려고 애쓴다. 이
들은 모든 사람이 단순히 아버지, 어머니이거나 좋은 학생,
나쁜 학생일 수만은 없다는 사실을 망각하고 있다. 이런 식의
분류는 생명력의 무한한 발현을 제한시킬 뿐이다.

하이데거가 이해하고자 애썼던 과제는 문학, 예술, 영화에
서도 보편적으로 다뤄온 지극히 일상적인 것들이었다. 얼마
나 많은 이들이 자신의 역할에 갇혀서, 그 역할을 충실하게
연기하는 데만 몰두하고 있는가? 그렇게 해서 남들 눈에 성
공한 사람으로 보이고 싶을지 모르지만, 자신의 삶은 지독하
게 공허하고 무료해지고 만다.

그런가 하면, 또 얼마나 많은 이들이 사회의 테두리에서 벗
어나고자 노력한 끝에 또 다른 사회적 테두리에 갇혀버리거
나, 특정 꼬리표를 떼기 위해 발버둥 치다가 또 다른 꼬리표
를 달게 되고 마는가?

따지고 보면 많은 종류의 걱정이 스스로에게 붙이고 싶었
던 수식어를 끝내 못 붙였거나 혹은 떼어버리고 싶었던 꼬리
표를 끝내 떼지 못했기 때문 아닌가.

죽음, 지루한 일상을 깨우는 종소리

우리의 일상이 습관과 범속에 갇혀 있는 것일 뿐이라면, 출구는 대체 어디서 찾을 수 있는 것일까? 하이데거는 니체가 아니다. 그래서 초인을 말하지 않는다. 하이데거가 보기엔, 누구도 과거로부터 구축돼온 일상에서 완전히 벗어날 수는 없다. 우리가 유일하게 할 수 있는 건 잠시만이라도 도약해 초월을 엿볼 수 있는, 일상을 뒤흔드는 조건을 만들어내는 것이다.

이러한 조건들 가운데 관건은 죽음이다. 우리는 태어나면서부터 죽음을 향해 달려간다. 죽음 앞에 충분히 젊은 생명이란 없다. 죽음은 모든 생명에게 주어진 제한이며 궁극적인 한계다. 죽음은 우리에게 주어진 가능성의 유한함을 의미하고, 그러한 가능성은 궁극적 끝을 매듭짓게 된다. 가능성의 궁극적 끝이 매듭지어지고 나면, 어떤 가능성도 실현할 수 없게 된다. 어떤 가능성도 실현할 수 없는 존재에 남는 것은 '무'뿐이다.

그러므로 삶과 죽음의 무상함이 눈앞에 펼쳐지거든 탄식만 하지 말고 생명의 시한을 냉정하게 인식해야 한다. 우리가 "내일 다시 이야기하자"고 말할 때의 그 내일은 갑자기 없어질 수도 있다.

죽음은 인간에게 최대의 한계지만, 하이데거의 눈에는 빤한 일상을 깨우는 찰나의 경종이었다. 죽음은 영원히 내밀하고 독특하며 중복될 수 없는 것이다. 그렇기에 우리는 삶과 죽음의 무상함을 의식하고 나면 무리로부터 빠져나와 다른 누구도 대신할 수 없는 나만의 삶으로 되돌아올 수 있다.

이 말은 죽음 앞에서 자기 존재에 대해 물을 수만 있다면 빤한 일상으로부터 평생 벗어나 살 수 있다는 의미가 아니다. 죽음을 대면하는 일은 우리가 기대어 있던 일상으로부터 우리를 잠시 떼어내줄 수 있을 뿐이다. 그러한 일순간의 분리가 누군가에게 사색을 지속하는 역량을 주고, 잠시나마 자아초월의 가능성을 엿볼 수 있게 할 뿐이다. 찰나의 도약으로나마 초월의 가능성을 엿본 사람은 다시금 현실의 타성에 젖는다 해도, 천천히 방향을 틀어 결국에는 마음이 향하는 곳으로 나아갈 수 있게 된다.

이러한 하이데거의 철학은 난해해 보일지도 모르나, 그것이 장악코자 했던 것은 쉽게 포착할 수 없을 만큼 생동하는, 주어진 한계를 뛰어넘어 솟구치는, 이해 가능할지 모르나 이해 너머에 존재하는 생명이었다. 생명이야말로 우리에게 펼쳐지고 있는 삶의 내용이자, 시간의 축적 속에서 형성되는 하나의 수수께끼이며, 정해진 모범답안도 행복의 공식이랄 것도 없는 독특한 무엇이다.

하이데거는 이토록 추상적인 실존 연구를 통해 한 사람 한
사람의 고유한 생명을 삶과 긴밀하게 엮고자 했다. 걱정이라
고 하는, 한낱 볼품없는 일상의 언어는 이렇게 '존재에 대해
묻는 인간'의 관건이 되었다.

쑨요우룽(孫有蓉)

마르틴 하이데거　　　　　　　　　**Martin Heidegger, 1889~1976**

독일 현상학의 아버지인 에드문트 후설(Edmund Husserl, 1859~1938)의 제자
이자, 저명한 정치철학자인 한나 아렌트(Hannah Arendt, 1906~1975)의 스승
이다. 하이데거는 후설이 문을 활짝 연 현상학에서 한발 더 나아가 혁혁한 연구의
공을 세웠다. 하이데거는 현상학으로 하여금 인식과 인식론에 그치지 않고, 존재
와 사물이 어떻게 자아를 전개해나가는지 탐구하도록 한 인물이다.

20세기 프랑스 지식인 중 그의 영향을 받지 않은 이가 없다 해도 과언이 아닐 만
큼, 하이데거 사상이 철학사에 미친 영향은 크고 무겁다. 프랑스의 사상가 장 폴
사르트르도 하이데거의 영향을 받아 《존재와 무》를 저술하였고, 당대에 성행한 프
랑스 현상학은 철저히 하이데거의 사상에 뿌리를 내리고 그 자양분을 흡수하면서
성장했다 하이데거의 사상적 성취는 누구도 부정하기 어렵지만 제2차 세계대전
시기 나치와의 관계 때문에 그의 일생에 대한 평가는 분분하다.

불안
사표, 쓸 것인가 말 것인가

사르트르
자유와 불안은 한 쌍의 쌍둥이

이제라도 내 꿈을 위해 사표를 쓸 것인가, 말 것인가. 답답하고 지겹기만 한 직장 일에 파묻혀 있다 보면, 하루에도 여러 번 퇴사 생각이 절실하다. 그런 와중에 스멀스멀 불안이 기어 올라와 마음의 뒷덜미를 덥석 움켜쥔다.

사르트르의 진단에 따르면, 불안은 자유와 밀접한 관련이 있다는 점에서 공포와는 다른 감정이다. 사르트르의 철학적 관점은 우리로 하여금 불안의 근원을 이해하고 자유를 끌어안도록 돕는다.

지금 하고 있는 일에 재미와 열정을 느끼는 직장인이 얼마나 될까? 누군가는 매일 매일의 출근길이 지옥문으로 들어가는 기분일 수도 있고, '대체 이런 일이 내게 무슨 의미가 있지?' '때려치우는 게 더 나아'라는 생각이 들 수도 있다. 프린터 앞에서 아무 의미도 없는 내용의 출력물을 기다리며 '이보다 더 쓸모없는 쓰레기가 세상에 또 있을까?' 하는 생각마저 들 때면 사표를 써야겠다는 충동이 밀려든다. 사표만이 이 무의미한 삶으로부터 나를 해방시켜주리라는 환상이 빛처럼 내 영혼을 사로잡는다. 이런 행복감은 월급날 하루밖에 느껴본 적이 없었던 것 같다.

그러나 사표를 쓰겠다고 마음먹는 순간 번개처럼 머리를 내리치는 생각, '내가 여기까지 오느라 견뎌온 시간이 있는데, 꼭 이 시점에 모험을 해야 할까.' 그렇다. 어느새 하고픈 일을 마음껏 저질러 봐도 좋을 나이는 지난 것이다. 나와 비슷한 나이의 친구, 동료들은 안정적인 기반을 마련해가고 있는데, 나는 또다시 방향 고민을 하고 첫발을 새로 떼겠다고?

'지금 위치에서 경쟁력을 키워나가는 게 더 나을지도 몰라' 하는 생각이 들 때쯤 머릿속의 사표는 제 스스로 찢어져 있다. 그러나 지루하고 무의미한 직장생활이 새롭게 시작되는 월요일이면 퇴사 충동은 거대한 해일처럼 덮쳐오고, 몇 초 만에 미래에 대한 불안이 또다시 그 뒤를 쫓아온다.

퇴사를 할 것인가 말 것인가. 그것이 문제로다. 지금도 수많은 직장인을 괴롭히고 있는 심리적 딜레마다. 퇴사를 하기로 결정하기도, 하지 않기로 결정하기도 어려운 이 상태를 대체 어떻게 하면 좋을까?

프랑스의 철학자 사르트르는 이러한 우리의 딜레마 앞에 독특한 견해를 내놓는다. 그의 실존주의 철학은 퇴사에 대한 당신의 고민을 새로운 관점에서 다시 생각해볼 수 있도록 도와줄 것이다.

실존은 본질에 앞선다

우리가 결정을 내리기 어려워하는 이유는 결과를 알 수 없어서이기도 하다. 사르트르는 이러한 심리의 배후에 실존적 불

안이 있다고 말한다.《실존주의는 휴머니즘이다》에는 그의
실존주의 철학을 대표하는 명문구 "실존은 본질에 앞선다"
와 "인간은 자유를 선고받았다"가 실려 있다. 사르트르가 말
하는 자유는 선택 앞에서의 불안을 이해하는 데 중요한 키워
드다. 우선 그가 왜 그토록 결연하게 인간의 자유를 외쳤는지
이해할 필요가 있다. 이는 사르트르 철학의 주요 개념인 즉자
존재, 대자존재와도 뗄 수 없는 관점이자 자유와 불안의 관
계, 자유를 대하는 태도를 보여주기 때문이다.

본질이란 무엇인가? 책상을 예로 들어보자. 책상은 책상으로
만들어지기 전에, 목수의 머릿속에 그 책상의 목적과 쓰임새
등을 정해놓은 설계도가 있다. 그 설계대로 만들어 특정 장소
에 놓아두고 사용하기로 한 것이 책상의 본질이다. 이런 경우
가 바로 본질이 존재에 앞서 있는 것이다. 사람도 책상처럼
태어나기 이전에 목적이 정해져 있을까? 사르트르는 선천적
목적이 인간의 실존을 규정하는가에 대해 의문을 품었다.

　사르트르는 무신론의 입장에서, 목수가 책상을 만들듯 신
이 인간을 창조했다는 것을 부정했다. 즉 '본질이 존재에 앞
서는' 인간관을 부정했다. 그는 인간의 실존이 먼저 있고 나
서 세계와의 상호작용, 자기인식 등을 거친 뒤에야 자신이 어

떤 존재인지 결정할 수 있다고 생각했다. 이것이 바로 본질에 앞선 실존으로, 사람은 어디까지나 스스로의 선택으로 자신의 최종 모습을 만들어간다는 의미다. 그런데 사르트르는 무슨 근거로 실존이 본질에 앞선다고 말하는 것일까?

인간, 완성인 동시에 미완성인

책상에겐 자유가 없다는 말에 이의를 제기할 사람은 없을 것이다. 더 나아가, 책상은 의미를 추구하지 않는다고 단언할 수도 있다. 그렇다면 인간은 왜 삶의 의미를 찾고, 책상은 그런 문제로 괴로워하지 않는 것일까? 사르트르에 의하면 인간에겐 의식이 있고 책상은 의식 없는 사물이기 때문이다.

우리는 우리의 의식으로 사물의 공간적 거리를 분별하고, 자아를 의식하고, 반성하고, 상상하며, 사람과 사물의 존재를 감지한다. 이 가운데 가장 특징적인 의식 활동은 반성이다. 우리는 우리의 생각과 행동, 우리의 존재에 대해 끊임없이 돌이켜 생각하고 삶의 의미를 되묻는다. 사르트르는 이렇게 의식 활동을 하면서 의식되는 존재를 대자존재(being-for-itself)라고 불렀다.

책상 같은 사물은 사람보다 훨씬 단순하게 존재한다. 사람은 반성을 통해 스스로 변화해갈 수 있지만, 자아의식이 없는 책상은 영원히 외부 요소에 의해서만 영향을 받는 고정적·피동적 상태에 있다. 누가 옮기거나 부수지 않는 한 책상은 원래의 상태를 그대로 유지한다. 이렇게 피동적인 존재 형태가 바로 즉자존재(being-in-itself)다. 즉자존재와 대자존재는 본질적으로 대립한다. 책상은 의식이 없기 때문에 완성된 상태로 고정될 수 있지만, 후자는 의식이 있기에 미완성의 상태에서 변화해간다.

사람이 책상보다 복잡한 이유는 즉자존재와 대자존재의 일면을 모두 갖고 있기 때문이다. 즉자존재의 일면은 출생, 과거, 부모 등 나의 의지로 바꿀 수 없는 것들이다. 이는 책상과 마찬가지로 완성돼 있으며 고정적인 것이다. 한편 대자존재의 일면은 아직 하지 않은 행동을 계획하는 것이다. 가령 '내일은 운동하러 가겠다'처럼 미래에 속한 일은 고정적이지 않다. 내일 다른 일이 생기면 운동 계획은 얼마든지 없어질 수 있다. 운동하러 가겠다는 계획은 줄곧 미발생의 단계에만 머물러 있을 뿐이다. 언제 어떻게든 변동될 수 있는 이런 상태는 우리의 미래를 유동적으로, 그리고 불완전하게 만든다.

유신론자들은 이런 관점에 동의하지 않는다. 그들은 사람도 책상과 마찬가지로 존재하기 전부터 존재가 정의되어 있다고 생각한다. 그러나 이는 인간의 본질을 즉자존재로 보는 관점으로, 대자존재인 인간의 본질에 부합하지 않는다고 사르트르는 생각했다.

고정불변하는 책상과 달리, 사람은 의식이 있기에 미래의 여러 가지 가능성을 끊임없이 지향한다. 마치 이렇게도 저렇게도 빚을 수 있지만 최종 형상은 아직 미완성인 점토처럼, 사람은 여러 가지 가능성 사이에서 결정과 행동을 통해 미래를 현실로 만든다. 자신이 원하는 최종 형상을 빚어내는 것이다.

화가가 되고 싶은 사람을 예로 들어보자. 만약 내가 화가가 되고 싶다면, 최소한 한 장 이상은 그림을 그렸어야 화가라고 할 수 있을 것이다. 사르트르의 실존주의에서 행동은 필수 불가결한 요소다. 사람은 행동을 통해 스스로를 만들어가기 때문이다. 만약 화가가 되고 싶다는 마음만 품을 뿐 아무 행동도 하지 않는다면, 그저 화가가 되겠다는 환상에 빠져 있을 뿐인 것이다.

사르트르는 "인간은 스스로가 만들어가는 것 이외에 다른 무엇이 아니다. 이것은 실존주의 제1원칙"이라고 말했다. 아직 자기 자신을 빚어나가는 과정 중에 있다면 우리 모두의 존재는 아직 '무'다. 우리 모두는 아직 미완성의 자기 자신이기 때문이다. 이러한 허무가 바로 사르트르가 말하는 '본질에 앞서는 실존'의 기초가 된다.

신이 없다면 모든 것이 허용된다

"신이 없다면 모든 것이 허용된다." 러시아 문학가 도스토옙스키의 말을 인용하면서, 사르트르는 신이 존재하지 않을 때 인간은 자기 존재의 의미를 규정하고 자신을 위한 선택을 할 수 있다고 말한다. 사르트르가 신을 부정한 것은 인간이 자유로운 존재임을 말하기 위해서였으며 그에게 자유란 인간이 태어나면서부터 갖고 있는 의식과 관련 있는 것이었다.

어떤 학생이 사르트르에게 제2차 세계대전에 참전해야 할지 물은 적이 있었다. 그 학생은 군 법무관에 지원하여 전쟁 중에 죽은 형의 복수를 하고 싶었다. 하지만 어머니가 걱정이었다. 아버지도 독일군에서 복무하다 돌아가셨고 형도 전사한 상황에서, 어머니에게 남은 유일한 혈육은 자신뿐이었기 때문이다. 어느 쪽으로도 결정하기 어려워하는 이 학생에게 사르트르가 말했다.

"도덕이나 윤리만 아니라면 자네는 어떤 선택을 하고 싶은가? 인간은 자유로운 존재이고, 자네는 그저 자신을 위한 선택을 하면 되는 것이라네."

미래의 유동성은 허무의 바탕인 동시에, 자신을 위한 결정을 할 수 있게 하는 본질이 된다. 나는 이러이러한 사람이 되고 싶다고 생각할 때, 미래의 나는 내가 실현해야 할 목표이며 그다음엔 목표를 이루기 위한 행동을 해야 한다. 이렇게 미래의 가능성을 향해 자신을 내던지는 것은 대자의 표현이다.

사르트르는 "가능성이란, 대자존재가 스스로의 자아에 결여되어 있다고 여기는 것"이라고 했다. 그렇다면 자아의 결여란 무엇일까? 자오둔화(趙敦華, 베이징대 철학과 교수)는 그의 저서 《현대 서양철학 신편》에서 이렇게 말한다.[1]

"인간의 의식 속에서 자신의 존재는 항상 결여되어 있다. 그는 자신이 가진 모든 것에 영원히 불만족하기에, 새로운 가능성을 설정하고 그것을 실현하기 위해 노력한다."

의식은 인간으로 하여금 끊임없이 새로운 가능성을 보도록 한다. 가령 그림을 하나 그리고 화가가 된 기분을 맛본 뒤에도 어딘가 모르게 불만을 느껴 시인이 되기로 결심할 수 있다. 인간은 언제나 자신의 즉자적 일면(즉 과거)을 부정한다. 화가가 되든 시인이 되든 모두 우리의 바람에 따라 바뀌는 것이다. 우리는 그림 한 장을 그렸다고 평생 화가인 것이 아니다. 그것은 우리의 본질을 고정불변의 죽은 사물과 같은 것으로 취급하는 것일 뿐이다.

자오둔화는 강조한다.

"자유는 절대적인 것이다. 자유는 인간이 선택한 것이 아니다. 인간은 절대적으로 자유롭다. 자유는 인간의 목표 바깥에 있지 않다. 그의 실존과 의식에 내재되어 있는 것이다."

사르트르는 인간은 자유를 '선고받았다'는 말로 인간의 자유를 묘사한다. 그는 인간이 의식의 내재적 구조의 영향을 벗어날 수 없기에, 죽은 사물들처럼 결여를 느끼지 않을 수는 없다고 생각했다. 인간의 의식은 나의 행동이 나의 선택으로 이루어져 있음을 알도록 한다. 그러므로 이러한 자유를 인정하지 않을 수 없는 것이다. 바꿔 말하면, 의식이 곧 자유라고 할 수도 있다.

"선택을 안 하면 되지 않나요?"라고 반문하는 독자가 있을 수도 있겠다. 사르트르는 선택을 하지 않는 것도 일종의 선택이라고 보았다. 앞에서 참전을 두고 고민하던 학생이 만약 참전과 어머니를 돌보는 것 가운데 어떤 선택도 하지 않기로 했다면, 그건 결국 참전을 택하지 않은 것이 되고 그의 어머니는 아들 걱정을 하지 않아도 된다.

절대적 자유에는 절대적 책임이

절대적 자유가 있다는 것은 절대적 책임이 있다는 말과 같다. 인간은 자신의 행위로 인한 결과를 신에게 따져 물을 수 없다. 이 세상에 던져진 이상 우리는 끊임없이 선택하고 그에 따른 책임을 져야 한다.

사르트르는 인간이 이런 절대적 자유를 의식할 때 속박이 없다고 느끼는 것이 아니라 오히려 불안(anguish)을 느낀다고 말한다. 이것은 정신적 긴장이 초래하는 일반적인 불안과 다른, 일종의 영원한 미해결 상태의 불안이다. 사르트르는 이 불안을 다시 미래에 대한 불안과 과거에 대한 불안으로 구분한다.

사르트르는 사람의 일생을 한 폭의 자화상에 비유한다. 의식이 존재하는 한, 우리는 부단히 미래를 위한 결정을 내리고 자아를 창조해간다. 이것은 영원히 미완성인 그림과 같다. "사람은 관 뚜껑을 덮고 나서야 그에 대한 평가를 내릴 수 있다"는 말을 떠올리게 한다. 우리는 생명이 다하는 시점에야 자아의 창조가 완성되고, 나 자신에 대한 정의를 내릴 수 있다. 그 전까지의 나는 끊임없는 선택으로 자아를 만들어나가고 있기에 계속 미완성인 것이다.

자아를 만들어나가는 과정 중에 있는 나는, 언제든지 그 이전의 결정을 부정하기로 선택할 수 있다. 이는 인간의 대자적 본질을 관철하는 일이자, 미래의 나를 빚어나가는 과정이기도 하다. 이 과정에서 그 누구도 나에게 특정 행동을 하도록 강요할 수 없다는 것을 의식할 때, 우리는 자신의 행동에 따른 결과에 대해 어떤 변명도 찾을 수 없게 되고 미래에 대한 불안도 생겨난다. 즉 인간이 불안을 느끼는 이유는 자신의 절대적 자유를 의식했기 때문인 것이다.

퇴사에 대한 고민 또한 이러한 실존적 불안의 연장선상에 있다. 퇴사 자체는 선택해도 되고 선택하지 않아도 된다. 그러나 그 선택의 결과를 보장할 수 있는 사람은 아무도 없다. 바로 이 지점에서, 자유는 무거운 짐으로 변해버린다. 나 자신 이외에, 도대체 누가 내 결정을 대신할 수 있단 말인가?

결정을 내리기 전에 가족이나 친구에게 조언을 구할 수는 있다. 그러나 그 조언을 받아들일지 말지는 마지막까지 내 선택으로 남는다. 이 점을 명확히 인식해야만 나의 결정에 대해 가족이나 친구 탓을 하지 않게 된다. 누가 무슨 말을 했든 최종 결정은 어디까지나 나의 선택이며, 그 선택의 결과 또한 나의 몫이다.

이러한 불안을 불확실한 미래에 대한 공포 정도로 이해할

지도 모르겠다. 그러나 사르트르는 공포와 불안 사이에는 한 가지 본질적인 차이가 있다고 지적한다. 공포는 구체적 대상이 있어야 생기는 감정인 데 반해, 불안은 대상이 없어도 존재할 수 있는 일종의 의식 상태라는 것이다. 직장인이라면 누구나 실직에 대한 공포를 느낄 수 있다. 그러나 직장이 있든 없든, 누구나 삶이 왜 흔들리는지 몰라 불안해할 수 있다.

사르트르는 도박을 비유로 들어 과거에 대한 불안을 설명한다. 도박중독자는 어느 날 도박을 끊기로 결심했더라도 도박장 근처를 갈 때마다 결심이 흔들리기 쉽고 다시 도박을 시작할 수 있다. 이처럼 인간은 절대적 자유로 인해 언제 어디서든 그 직전의 선택을 부정할 수 있다. 한때의 결심이나 선언, 과거의 신분이나 규정이 선택의 자유를 막는 것은 아니다. 도박을 끊겠다던 다짐은 일종의 가능성으로 변한다. 도박을 끊을지 말지 매번 다시 선택해야 하기 때문이다. 이와 함께 불안이 엄습한다. 도박을 해버리면, 그는 도박중독에 굴복하기를 선택한 것이다. 그가 도박을 하지 않기로 했다면, 도박에서 비롯된 여러 문제를 다시금 생생하게 의식했기 때문일 것이다. 어떤 선택이든 그 선택에 대한 책임을 다른 누군가에게 돌릴 여지는 전혀 없다.

미래에 대한 불안이든 과거에 대한 불안이든, 불안의 근원은 자유를 선고받은 인간의 운명에 있다. 이러한 불안에 직면했을 때 두 가지 선택지가 있다. 자신이 의식한 자유를 끌어안거나 그 자유로부터 도피하거나. 자유를 끌어안기로 했다면, 인간이라는 존재는 근본적으로 허무하다는 것과 삶은 선택의 연속이라는 점을 받아들여야 한다. 선택에 대한 책임 또한 결코 남에게 떠넘길 수 없다. 사르트르는 이러한 태도가 자기 자신에 대한 성실을 보여준다고 생각했다. 그러나 자유로부터 도피하기를 택했다면, 인간이 자유로운 존재라는 운명을 거부하는 것과 같다. 사르트르가 보기에 이러한 도피의 태도는 일종의 자기기만의 표현이었다.

자기기만은 책임을 거부하는 것일 뿐 아니라 인간의 대자적 본질을 거부하는 것이다. 다시 도박중독자로 돌아와보자. 그는 도박을 끊기로 한 결심을 언제든 갑자기 바꿔도 된다. 그 선택에 책임을 지기만 한다면. 그러나 다른 탓으로 돌린다면, 그것은 자신을 선택의 자유가 있는 주체로 생각하지 않는 것이다. 즉 피동적이며 고정불변인 책상과 같아지는 것이다.

자기기만을 하는 것도 하나의 선택이다. 그러나 한 가지 전제가 있다. 먼저 자신의 자유를 의식해야만 자유를 부정할 수도 있다는 사실이다. 그런 의미에서 인간은 자유로부터 도피하기로 한 그 선택에 대한 책임으로부터까지 도피할 수는 없다.

다시, 퇴사할 것인가 말 것인가

퇴사를 할 것인가 말 것인가는 직장인만의 고민이 아니다. 모든 사람이 맞닥뜨리는 수많은 선택의 기로 가운데 하나일 뿐이다. 사르트르의 자유가 해방으로 느껴지든 속박으로 느껴지든, 자유와 불안은 빛과 그림자가 함께 존재하는 것처럼 모든 사람의 선택을 에워싸고 있다. 인생의 방향이나 진로 때문에 방황하며 불안을 느낄 때, 불안은 인간의 자유를 더욱 두드러지게 한다. 그림자로 인해 빛의 존재를 더욱 의식하게 되는 것처럼.

퇴사를 두고 깊이 고민하는 까닭은 그것이 미래와 관련된 문제이기 때문이다. 한 번의 선택으로 모든 것이 영원히 잘못되지는 않을까 걱정하는 것이다. 이에 대해 사르트르는 두 가지 대답을 내놓는다.

첫째, 퇴사 여부는 맞고 틀림이나 옳고 그름이 없다. 다만 책임을 지느냐 마느냐라는 문제가 따른다.

둘째, 만약 '틀린' 선택을 했다고 해도, 당신은 살아있는 한 언제든지 미래나 과거에 대한 선택을 새롭게 다시 할 수 있다.

존(John)

장 폴 사르트르　　　　　　　　Jean Paul Sartre, 1905~1980

프랑스의 철학자, 극작가, 소설가로《존재와 무》《실존주의는 휴머니즘이다》등의 저서가 있다. 자신의 장편소설《구토》가 1946년에 노벨 문학상 수상작으로 결정 됐을 때 그는 수상을 거부했다. 사르트르의 사상은 후설과 하이데거의 영향을 많이 받았고, 그와 평생을 함께한 동반자 시몬 드 보부아르(Simone de Beauvoir, 1908~1986) 또한 저명한 철학자였다.

공포
출근이 두려운 근본적인 이유

마르크스

블루, 블루 먼데이

당신도 월요일부터 주말을 기다리고, 주말이 끝나기도 전에 월요일이 두려워지는가? 월요일만 되면 더더욱 침대에서 몸을 일으키기 힘든가? 월요병(Blue Monday)은 공업화 이후 직장인들을 괴롭히고 있는 악몽이다. 2016년 미국의 한 조사에 따르면, 33%의 사람들만이 자신이 하는 일을 좋아하고, 그 외의 사람들은 단지 생계를 위해 불만을 참고 일하고 있다고 한다. 듣기만 해도 고통스러운 이야기가 아닐 수 없다. 많은 직장인이 출근에 대해, 특히 휴일 직후인 월요일의 출근에 대해 공포까지 느끼는 것도 이상한 일은 아니다.

마르크스는 문제의 근본적인 원인이 노동 소외에 있다고 진단했다. 노동의 본질을 명확히 인식하는 것은 노동 소외의 곤경으로부터 조금이나마 벗어나는 과정의 시작이 될 수 있다. 단시간 내에 현재의 노사관계를 변화시키거나 일의 내용을 통째로 바꿀 수 없더라도, 마르크스의 사상은 우리로 하여금 노동의 의의를 새롭게 인식함으로써 일에서도 창의적 개선과 만족을 도모할 수 있도록 한다.

하루 중 가장 어두울 때는 회사로 출근하는 새벽이다. 그중에서도 가장 어두운 때는 월요일의 새벽 아닐까. 사무실에 도착해 벽시계를 보자마자 마음이 무거워진다. 지난주의 일은 어떻게 다 끝냈던 걸까?

직장인이 퇴근을 기다리는 마음은 어른이 됐을 때를 상상하며 뿌듯해하는 어린아이의 심정과 비슷하다. 아이가 어른이 되는 것은 먼 훗날의 일이지만, 퇴근은 시간이 흐를수록 점차 현실이 된다. 퇴근 시각이 가까워질수록 어둠 속의 서광은 점점 밝아지고, 퇴근 15분 전이 되면 심장의 두근거림이 최고조에 이른다. 여행을 하루 앞두고 잠자리에 드는 사람의 심정도 이렇지 않을까? 몸은 아직 사무실에 있지만 마음은 벌써 집 안의 안락한 소파에 파묻혀 있다.

벽시계가 퇴근 시각 15분 전…… 10분 전…… 5분 전을 가리키고 있다. 몸은 이미 벌떡 일어나고 싶어 안달이 나 있다. 두 다리는 즉시라도 달려 나갈 준비를 마친 상태다. 뛰쳐나가고 싶은 욕망을 간신히 억누르고, 짐짓 침착하게 책상을 정리하기 시작한다.

사무실 밖으로 나와 보니 하늘은 온통 황금빛. 뉘엿뉘엿 저물어가는 해만큼 마음도 조금씩 느긋해진다. 오늘도 하루의 노동을 다 마쳤다는 후련함에 한숨이 푸욱 새어나온다.

"그럼, 내일 봐!"

동료가 경쾌한 인사를 남기고 몸을 돌려 자신의 집으로 간다. 예의상 혹은 무의식적으로 내뱉었을 동료의 말에 해 질 녘의 정취가 단숨에 깨진다. 오늘이 아직 한 주의 첫날에 불과하다는 사실을 일깨운 것이다. 더 이상 노을 진 하늘의 아름다움이 느껴지지 않는다. 열 몇 시간 후면 또다시 이 자리로 와야겠지. 그리고 조금 전까지와 똑같은 기대감을 안은 채 벽시계만 쳐다보겠지……

노동의 본질을 찾아서

대부분의 직장인에게 월요일은 주중 가장 어두운 날일 것이다. 평소에는 삶에 대해 별다른 의문도 들지 않건만, 월요일 아침 잠에서 깨어날 때면 출근의 의의는 도대체 어디에 있는

지 따져 묻게 된다. 출근 전엔 울적하고 퇴근 후엔 피곤해서 아무 생각이 없다. 유일하게 활력을 느끼는 순간은 하루의 근무를 마치고 사무실을 나서는 그때뿐이다.

따분하기 그지없는 일, 장시간의 노동, 도무지 오르지 않는 월급, 정글의 투쟁 같기만 한 사내 정치 등 직장인을 고통스럽게 하는 요인은 많다. 독일의 철학자 칼 마르크스는 직장인이라면 누구나 맞닥뜨리고 있을 이런 문제들의 배후에 자본주의의 작동 방식이 있다고 생각했다. 그는 노동이 그 자체로 괴로운 것이 아니라 노동이 인간의 본질에서 벗어날 때 괴로운 것이 된다고 말한다.

자, 이제 마르크스가 생각한 노동의 본래 모습과 자본주의에 대한 비판을 통해 직장인들의 출근 공포에 대해 풀어나가 보자.

마르크스는 인간이 의식주와 교통 등 물질적 필요를 만족시켜가면서 생존하며, 노동은 그 생존의 과정이라고 생각했다. 배가 고프면 자신의 신체를 이용하여 먹을 것을 구하듯, 자연자원을 이용해서 다른 생존 욕구를 만족시켜나간다. 가령 주거 욕구를 만족시키기 위해 목재, 콘크리트 등의 재료와 인간의 노동력을 이용해서 집을 짓는다. 이렇듯 인간의 노동력은 세계와 상호작용하는 능력이기도 하다.

마르크스에 따르면, 노동은 세계와의 상호작용을 통해 세계에 대한 이해를 심화시킬 뿐 아니라 노동자 자신에 대한 긍정을 가능케 한다. 인간은 노동을 통해 자신의 잠재력을 발휘하며, 새로운 것을 창조하고, 이 세상에 자신만의 기록을 남긴다.

집을 지을 때도 어떤 집을 지을지 머릿속으로 상상하고 구체적으로 시각화한 뒤 신체를 이용해 필요한 재료를 모으고, 상상한 모습대로 집을 지어나간다. 이렇게 상상을 현실화하는 과정에서 드러나는 건축에 대한 생각은 그 사람이 어떤 사람인지를 함께 드러낸다. 집을 짓는 사람은 상상을 정돈한 뒤 획득한 자원과 자신의 능력을 운용하여 머릿속의 모호했던 그림을 생생한 현실로 바꿔나간다. 이렇듯 집을 짓는 과정에는 노동하는 사람의 피와 땀, 창의성, 상상력이 집약돼 있고, 그 결과물에는 노동자 자신의 기록이 새겨져 있다.

이렇게 해서 집과 노동자 사이에는 모종의 연결이 생겨난다. 이렇듯 마르크스는 이상적인 노동이란 노동자 자신의 신체와 두뇌를 자주적으로 운용해 생존 욕구를 만족시키고, 그 과정에서 자아의 만족을 느끼는 것이라고 생각했다.

자본주의가 작동하는 비정한 방식

마르크스는 자아실현으로서의 노동, 생산 과정에 대한 생산자의 자주성, 노동의 결과에 대한 만족감에 노동의 의의가 있다고 봤다. 그런데 노동이 이토록 의미 있고 창조적인 행위이기까지 하다면, 출근이 지겹고 두려운 직장인이 이처럼 많은 것은 왜일까? 마르크스는 이러한 현상이 자본주의의 작동 방식과 직접적인 관련이 있다고 말한다.

자본주의의 작동 원리는 자본, 생산, 효율, 소비라는 네 가지 요소와 불가분의 관계에 있다. 그런데 이러한 요소들은 노동과 노동자 사이의 단절을 부추긴다. 이제 막 어떤 회사가 설립됐다면, 상품 개발과 제조에 투자할 자본이 필요하므로 상품을 팔아 이윤을 남겨야 한다. 이 회사는 지속적으로 이윤을 남기기 위해 상품을 대량으로 생산하고, 이 과정에서 인적 자원과 물적 자원을 동원한다. 일정한 생산량을 유지하기 위해 직원들은 효율적으로 일해야 하고, 작업 효율을 위해 분업이 도입된다. 한 사람 한 사람은 특정 작업만 책임지고 수행하면서 회사 전체의 생산 효율을 유지하는 것이다.

이렇듯 효율을 강조하는 과정에서 일은 마르크스가 강조한 노동의 본래 모습에서 점차 멀어진다. 노동자는 더 이상 자신을 긍정하면서 노동하지 못하고, 자본가가 정한 규칙에 따라 생산해야 한다. 효율만이 최우선 목적이 돼버린다. 물론 지금은 모든 기업이 상품을 생산하고 판매하는 것으로만 생존하지 않지만, 효율이란 결국 특정 부서의 기획을 통해 구현되는 것이다.

하나의 회사는 여러 부서로 이뤄져 있고, 각 부서는 여러 직위로 세분화돼 있다. 우리는 어떤 직위에 있든 그 직위가 요구하는 대로 일해야만 한다. 매일 반복되는 번잡하기 그지없는 업무는, 따지고 보면 산업혁명 시대에 매일 같은 자리에서 같은 작업을 반복했던 공장 노동자들의 일과 크게 다르지 않다. 이렇게 노동은 본래의 의의를 잃고 말았다.

마르크스는 노동자 자신이 무엇을 생산할지, 생산품은 어떻게 처리할지 등을 자주적으로 주장하는 데 노동의 의의가 있다고 생각했다. 작은 식당을 운영하는 사람은 자신이 음식을 만드는 과정에서 만족감과 의의를 느낀다. 손님을 위해 요리하지만 자신만의 노하우와 창의성을 발휘해 요리할 수 있고, 맛있게 먹는 손님을 보면서 만족감도 느낄 수 있다. 그러나 프랜차이즈 음식점의 요리사는 자기 식당을 운영하는 사람만큼 요리에 열정을 갖기 어렵다. 둘 다 손님을 위해 요리하는 건 마찬가지인데, 왜 이런 차이가 발생하는가?

프랜차이즈 음식점의 요리사는 본사에서 지시하는 조리법 대로만 조리해야 하기 때문이다. 모든 조리 과정은 표준화돼 있고, 표준화된 레시피대로만 조리하면 음식이 완성된다. 즉 노동의 결과물에 대한 노동자의 만족감은 생산 과정의 자주성에 정비례한다. 생산 과정에 대한 자주적 권리가 커질수록 노동자 자신의 기술적 참여도 높아지고, 노동에 대한 만족감도 높아지는 것이다.

그렇다면, 노동자는 어떻게 해서 노동의 자주권을 잃어버린 것일까? 마르크스는 이러한 현상이 당신이 매달 받고 있는 낮은 임금과 깊은 관련이 있다고 생각했다.

우리는 얼마나 착취당하고 있을까

"직원은 그가 일하는 시간 동안 그 회사에 소속된 자산"이라는 말을 들어봤을 것이다. 이 말은 자본가가 직원에게 일할 기회를 주었고, 임금으로 직원의 노동력을 샀으므로 직원은 곧 그 회사의 자산이라는 뜻이다. 노동자가 자신의 시간(가령 하루 8시간)을 팔아 노동을 하면 그에 상응하는 돈을 받는다. 얼핏 합리적인 거래처럼 보인다. 그러나 자본가는 하루 8시간에 대한 임금을 지불하고는 점차 하루 12시간까지도 노동을 요구하기 시작한다는 데 자본주의의 착취 요소가 있다.

주말에도 메시지를 받고 부랴부랴 일을 해야 하는 직원이 얼마나 많은가! 퇴근 직전에 내일 있을 회의 전까지 보고서를 작성하라는 상사 때문에 연인과의 데이트를 취소해야 했던 적은 또 얼마나 많은가? 상사는 당신의 어깨를 두드리며 "힘내! 앞으로 좋은 기회가 있을 거야" 같은 하나마나한 덕담이나 하고 갈 뿐이다.

사실 그 보고서는 회사에 도움이 되는 것이고, 당신이 주말을 반납해가며 한 일도 회사가 얻는 이익이다. 그러므로 그것들은 마르크스가 말한 잉여가치에 해당한다. 당신은 단지 생존을 위해 4시간의 노동을 더 함으로써 회사에 잉여가치를 생산해준다. 그 잉여가치와 바꾼 돈은 자본가의 주머니로 들어가고, 당신의 월급은 계속 그대로다.

이는 임금이라는 것이 노동자의 생산 자주권을 판 결과라는 증명이기도 하다. 마르크스에 따르면, 노동의 원래 목적은 의식주와 교통 같은 인간의 기본 욕구를 만족시키기 위한 것이었다. 노동을 생존의 수단으로만 여기지 않을 때, 노동은 자주성과 창조성으로 충만해질 수 있다. 그러나 대부분의 노동자는 월급 하나를 위해 하나부터 열까지 자본가의 말을 따르면서 지겹고 싫은 일을 묵묵히 다 한다. 밥 먹듯이 이어지는 초과근무에 욕이 튀어나와도 뱃속으로 잘 삼킨다. 이렇게 해서 자본가는 노동자에게 한정된 임금만 지불하고도 그 이상의 생산력을 뽑아낸다. 결국 노동자는 자신의 방식으로 노동할 수 없을 뿐 아니라 수시로 착취를 당하게 된다.

노동자는 이렇게 자신의 노동력을 파는 과정에서 점차 자신을 노동 시장의 상품으로 여기게 된다. 인간이 단지 생산을 위한 도구가 되는 것이다. 이는 자본가의 기대에 못 미치는 노동자는 언제든 다른 노동자로 교체될 수 있음을 의미한다. 자본주의는 이렇게 노동의 본질을 왜곡하여, 노동을 생존 수단으로 만들어버린다. 이로써 노동자들은 다른 노동자를 경쟁상대로, 나아가 자신의 생존을 위협하는 존재로 여기게 된다. 초과근무는 밥 먹듯이 시키면서 월급은 올려주지 않는 사장도 착취의 원흉이자 증오의 대상이 된다. 바로 이것이 대부분의 직장에서 매일 벌어지는 아귀다툼의 원인이다.

사회적 동물인 인간은 다른 사람의 도움에 기대어 생존해나갈 수밖에 없다. 그러므로 노동은 인류의 복지 증진을 위한 생산이어야 하지 소수의 이익만을 위한 것이어서는 안 된다는 게 마르크스의 생각이었다. 그러므로 협력을 통해 이 같은 목적을 실현할 수 있도록 노동자를 격려해야 하며, 사람 사이의 관계 또한 자기보호만이 목적인 적대관계여서는 안 된다.

자본가의 노동 착취는 자본주의 자체에 뿌리를 내리고 있다. 그것은 노동자의 생산력에 대한 농단이기도 하다. 마르크스는 자본가와 노동자의 불평등한 관계가 사회의 발전에 더 유리하며, 정치와 사법체계도 이러한 불평등 관계를 유지, 보호하려고만 하므로 이러한 상황을 바꾸기 위해서는 사회 구조에 외부로부터 힘을 가할 수밖에 없다고 생각했다. 이는 마르크스가 혁명만이 자본주의를 뒤엎을 유일한 수단이라고 생각했던 이유이기도 하다.

먹고살려면 어쩔 수 없다는 무력감이 낳은 공포

자본가를 위해 일하는 것이 너무나 익숙한 지금, 마르크스가 생각했던 노동의 이상과 본질은 현실적이지 않다고 여겨질 수도 있다. "남의 돈을 받았으면 그의 재앙까지도 막아줘야 한다"는 사고방식이 오히려 정상적으로 보일 수도 있다. 그러나 마르크스가 보기엔 그런 생각이야말로 임금을 주는 사람과 받는 사람 사이의 권력관계를 공고화하는, 도저히 수용할 수 없는 사고방식이었다. 임금을 받는 사람이 임금을 주는 사람의 모든 요구를 만족시켜야만 입에 풀칠이라도 할 수 있을 때, 우리의 노동은 언제나 고용주의 요구에 의해 제약을 받을 수밖에 없다.

사실 우리가 임금의 속박에서 벗어나는 게 불가능한 일만은 아니다. 부유한 부모라는 든든한 방패가 있다면 가능할 수도 있다. 그렇지 못한 많은 이들은 내일이면 다시 출근해야만 한다. 마르크스가 제시한 노동해방이 당장 이루어질 순 없다 해도, 노동과 자본주의에 대한 마르크스의 통찰은 우리에게 생각의 실마리 하나를 던져준다. 월요일에 대한 공포는 노동에 대한 혐오와 자본주의의 작동 방식에 대한 무력감에서 비롯된 것이 아닐까? 지금 하는 일에 자아실현이라는 요소가 존재한다면, 월요일이 그렇게까지 두렵지만은 않지 않을까? 그런데 내 월급은 나의 노동에 진정으로 합당한 가치인가?

존

칼 마르크스　　　　　　　Karl Heinrich Marx, 1818~1883

독일의 철학자로 자본주의를 비판하고 공산주의를 제창했다. 생전에 《자본론》 제1권을 집필했고 제2권과 제3권은 마르크스 사후에 미완성 원고를 프리드리히 엥겔스(Friedrich Engels, 1820~1895)가 편집, 발행했다. 이외에 《공산당 선언》 《1844년 경제학 철학 수고》를 비롯한 그의 저서들은 정치, 경제, 사회에 큰 영향을 미쳤다.

마르크스의 사상에는 헤겔과 포이어바흐 철학의 색채가 짙게 깔려 있다. 일생을 빈궁하게 살았던 마르크스는 영국 맨체스터를 떠돌던 시기, 친구인 엥겔스의 경제적 도움을 받으며 공산주의 연구에 전념할 수 있었고, 이 사상은 당시 자본주의 아래 억눌려 지내던 공인 계층에게 하나의 출구로 받아들여졌다.

세상을 바꿔 인류의 복지를 증진시키고자 했던 마르크스는 수많은 철학자 중에서도 행동파의 모범으로, "철학의 임무는 세계를 해석하는 것이 아니라 세계를 바꾸는 것"이라는 명언을 남겼다.

부조리 |
이 모든 것이 대체 무슨 의미인가

카뮈

월급을 받는 시시포스

회사는 망하고, 배우자는 떠나가고…… 이제까지 익숙했던 모든 것이 하루아침에 무너져버릴 때 우리는 묻지 않을 수 없게 된다. 대체 이 모든 것이 무슨 의미란 말인가?

카뮈에 따르면, 우리는 삶의 의미에 대한 답을 찾고자 할 때 인간과 세계 사이의 긴장관계와 부조리를 느끼게 된다. 그런데 흥미롭게도 카뮈는 이 모든 것이 나쁘기만 한 일이 아니라고 말한다. 오히려 우리가 부조리를 의식하고 그 근원을 이해하는 것은 자유를 획득하는 계기가 된다는 것.

사무실 문을 열자마자 보이는 여러 얼굴들. 싫은 얼굴도 있고 좋아하는 얼굴도 있지만, 딱히 좋지도 싫지도 않은 얼굴이 대부분이다. 각자 자기 일에 몰두하고 있다. 매일 보는 일상적인 풍경인데도 오늘따라 왠지 낯선 느낌이 밀려든다. 그래서인지 이제까지와는 다른 시선으로 한 사람 한 사람의 얼굴을 찬찬히 다시 보게 된다.

그러고는 자신의 자리로 걸어간다. 손에 든 문서의 내용에 대해 이러쿵저러쿵 떠드는 사람도 있고, 먹통이 된 프린터를 두드리며 욕을 퍼붓는 사람, 전화기 너머에서 고래고래 소리 지르는 사람과 통화 중인 사람도 있다. 이렇게 죽고 사는 문제와는 아무 상관도 없는 일에 정신없이 바쁜 사람들을 보고 있자니 마음속의 의문부호는 점점 더 커져만 간다.

드디어 자리에 앉아 한숨 돌리는데 앞자리의 빈 책상이 보인다. 얼마 전 병으로 세상을 떠난 동료의 자리다.

'어차피 언젠가는 죽을 거라면, 이렇게 매일 괴롭게 일은

해서 뭐 하나…….'

여기까지 생각하는 데는 단 몇 분이 흘렀을 뿐이지만, 하루의 근로 의욕을 뚝 떨어뜨리기에는 충분한 시간이었다. 오늘의 새 일은 아직 시작도 하지 않았는데.

부조리의 본질

시원찮은 이유를 대면서라도 설명할 수 있다면, 그것은 낯익은 세계다. 그러나 갑자기 환상과 빛을 박탈당한 세계에서, 인간은 자신을 이방인으로 느낀다.

_《시시포스 신화》에서

이처럼 낯설고 유리된 감각이 부조리감이다. 마치 유령처럼 어두운 구석에 숨어 있는 그것은 언제 갑자기 나타날지 알 수 없다. 하지만 습관처럼 익숙하고, 그러다가도 문득 낯설게 느껴지는 감각이다.

알제리 태생의 작가 알베르 카뮈의 말처럼, 부조리를 느끼는 인간은 마치 숱하게 무대에 올라 익숙한 무대 위의 조명이 어느 날 갑자기 낯설게 느껴지는 배우와 비슷하다. 출근이라는 익숙한 지긋지긋함을 사무실 문 앞에서 심기일전하는 것으로 대항하는 것도 나쁘지 않다. 업무에 대한 지긋지긋함을 최소한 분산시켜줄 수는 있을 것이다. 그러나 부조리감의 습격은 익숙한 지긋지긋함을 더욱 극대화시킨다. 마치 쓰디쓴 탕약을 마시는 동안 자신이 얼마나 쓴 약을 마시고 있는지 끊임없이 의식하게 되는 것과 비슷하다. 당장이라도 때려치우고 뛰쳐나가고만 싶다. 이렇게 기습적으로 밀려드는 부조리감을 대체 어떻게 하면 좋을까?

카뮈는 《시시포스 신화》에서 우리에게 끔찍한 질문 하나를 던진다. 왜 자살하지 않는가? 자살을 하라는 말이 아니다. 오히려 카뮈는 인간은 어떤 상황에서도 자살하지 말아야 한다고 생각했다. 그는 우리가 부조리의 본질을 명백하게 인식할 때 오히려 자살을 부정하게 된다고 말한다.

부조리감은 아무 의미 없는 우리 삶에 항소를 제기한다. 자살은 이런 항소에 대한 응답일 뿐이다. 카뮈는 이에 대해 어떻게 생각했을까?

부조리감은 매우 익숙한 느낌이지만, 그것이 구체적으로 무엇인지 언어로 표현하기는 어렵다. 부조리를 이해하기 위해서는 먼저 인간과 세계가 어떤 관계에 있는지 알아야 한다.

이성적 존재인 인간은 개념, 원칙, 인과법칙 등으로 세계의 현상을 일목요연하게 이해하고자 한다. 가령 갓 태어난 아기의 신체에 결함이 있을 때 우리는 다른 종을 연구해서 알게 된 생물학적 원리로 결함의 이유를 찾는다. 'A이기 때문에 B다'라는 형식으로 발생하는 사건이 있다고 이해하는 것이다. 그러나 그것이 눈앞에 닥친 고난에 대해서도 만족스러운 답이 될 수 있을까? 그 답이 얼마나 충분한가와는 무관하게, 신체적 결함이 있는 아기의 부모는 "왜 우리 아기가 이런 고통을 겪어야 하나?"라고 물을 수밖에 없을 것이다.

이러한 예는 삶의 도처에 존재한다. 당장 TV만 켜도 전쟁의 포화 속에서 비참하게 살아가는 아이들과 자연재해로 고통받는 사람들을 보게 된다. TV 밖 현실에서도 이루 말할 수 없이 괴로워하는 사람들을 본다. 그때마다 우리는 "어째서 그들인가?"라는 생각이 들지 않을 수 없다.

무력하기 그지없는 우리에게 이 세계가 돌려주는 대답은 침묵뿐이다. 이미 일어난 일에는 아무런 이유가 없다. 그 일은 그냥 그렇게 발생했을 뿐이고, 우리는 무력하게 하늘을 향해 "왜?"라고 외칠 뿐이다.

카뮈는 인간이 이렇게 세상의 침묵과 대면할 때, 모든 일은 순전히 우연에 지나지 않음을 의식할 때 모종의 향수

(nostalgia)를 느끼게 된다고 말한다. 이성적 존재인 인간은 이성으로 파악 가능한 세계에서 살아가는 데 익숙하다. 하지만 자신의 삶에서 이성적 원칙이나 질서로는 이해할 수 없는 일이 일어났을 때, 세상은 본래 혼돈으로 가득 차 있고 이성적 예측에 따라 돌아가지 않음을 발견하고 상실감과 부조리를 느끼게 된다.

카뮈는 부조리가 인간 혹은 세계 내에 존재한다고 생각하지 않았다. 인간은 이 세계를 이성으로 길들일 수 있으리라고 기대하지만, 세계는 결코 인간의 이성적 요구를 만족시켜주지 않는다. 이렇게 인간과 세계 사이의 '밀당'에서 생겨나는 불협화음은 둘 사이의 관계를 잇는 유일한 끈이 된다. 즉 부조리 자체가 곧 인간과 세계 사이의 관계다.

이렇게 무의미한데 왜 자살하지 않는가

직장인에게 삶이란 매일 방영되는 똑같은 영화와도 같다. 출연하는 주·조연들부터 몇 시 몇 분 몇 초에 하게 되는 일까지, 생활 리듬마저 매일매일 똑같다. 생활이 이렇게 매일 똑같은 한 편의 연극 같기만 할 때, 이렇게 삶의 패턴이 기계적

일수록 무의미를 느끼기도 더욱 쉬워진다고 카뮈는 말한다.

이성은 끊임없이 삶의 의미에 대한 질문을 던지지만 그러한 질문은 파고들수록 공허하기만 하다. 종국에는 '왜 자살하지 않는가'라는 명제로 돌아오게 될 뿐이다. 삶이 본래 이토록 무의미한 것이라면, 내가 존재하나 존재하지 않으나 무슨 차이가 있을까 생각하기에 이른다.

카뮈가 관심을 기울인 철학적 주제는 다른 철학자들이 연구했던 주제들과 사뭇 달랐다. 《시시포스 신화》 첫 장을 열자마자 그가 엄숙하게 제기하는 철학 문제는 단 하나, 바로 자살 여부다. 카뮈가 진정으로 의도한 물음은 삶의 무의미를 의식하고도 여전히 계속 살아나갈 수 있는가였다.

카뮈에 따르면, 부조리를 대면했을 때 일반적인 반응은 삶의 짐이 질식할 만큼 무거우니 자살할 것인가 아니면 종교에 의지해 희망을 찾을 것인가로 귀결된다. 카뮈는 전자의 경우라면 자살이 어느 정도 부조리를 해결하는 방법이 될 수 있다고 인정한다.

부조리라는 것이 인간과 세계에 공통으로 존재하면서 그 안에서 만들어지는 불협화음이라면, 부조리가 존재하기 위해서는 나와 세계 사이의 밀당이 있어야 한다. 내가 존재하지 않으면, 세계가 이성적으로 해명되기를 바라는 갈망도 존재하지 않게 된다. 다시 말해, 자신이 하는 일을 지긋지긋해하는 사람은 일과 삶의 무의미를 절감하고 있는 것이고, 그는 자살을 통해 더 이상 무의미의 고통에 시달리지 않을 수 있다. 부조리가 사라지는 것이다. 그러나 카뮈는 이런 대응은 의심의 여지없이 현실도피일 뿐이라고 생각했다.

그렇다면 종교의 품에 안기는 것이 부조리에 대한 이상적 대응이 될 수 있을까? 대부분의 직장인에게 현재 하고 있는 일은 진정으로 원하는 일이 아니다. 살아가기 위해 꾸역꾸역 이어나가는 노역일 뿐이다. 종교는 이 노역을 이어나갈 수라도 있게 해주는 동력이 되지 않을까.

카뮈는 이러한 대안도 부정한다. 종교는 잠시나마 삶에 위안을 주고 삶에 의미를 부여할 수 있다. 그러나 부조리의 문제에 관해서라면, 종교를 통한 해결도 자살을 통한 해결과 실질적으로 다르지 않다고 봤기 때문이다. 분명 종교는 우리에게 완성된 하나의 세계관을 제시한다. 기독교는 아담과 하와가 지었다는 원죄로 인간의 저열한 근성을 설명하고, 전지전능하며 전적으로 선한 신이 모든 인간의 삶을 보살피고 있다고 설명한다. 사실 이런 세계관은 아무런 경험적 근거가 없지만, 희망을 품게 하고 인간의 이성적 필요를 어느 정도 만족시켜준다. 종교도 삶의 부조리를 인정하나 믿음을 통해 그 부조리를 뛰어넘도록 독려한다. 그러나 본질적으론 부조리로부터의 도피와 다르지 않다.

카뮈는 부조리를 의식했을 때 견지해야 할 태도는 부조리를 인정하고 정면으로 응시하는 것이라고 생각했다. 누구나 삶의 무의미함을 절감하게 되는 순간이 있다. 그때 비로소 우리는 삶의 의미라는 문제를 진지하게 대면하게 된다. 누구나 다음과 같은 의문을 품어봤을 것이다.

왜 열심히 일해야 하는가? 승진해야 하니까. 왜 승진해야 하는가? 그래야 더 높은 사회적 지위에 오를 수 있고, 높은 지위는 성공을 의미하니. 성공은 그렇게 삶에 가치와 의미를 부여해주는 것 같다. 그런데 덜컥 큰 병에 걸린다거나 대형 사고라도 당한다면? 우리는 다시금 삶의 무의미함을 절감하며 세계의 침묵 속으로 빠져들게 된다.

카뮈가 인정하는 것은 세 가지다. 첫째, 인간은 세계에 대한 설명을 요구한다. 둘째, 세계는 인간의 이러한 갈구에 응답하지 않는다. 셋째, 인간과 세계 사이의 이러한 불협화음에 대해서 이성은 무력할 뿐이다. 카뮈에게 있어 부조리는 도피해서는 안 될 현실의 일부분이었다.

부조리를 대하는 세 가지 태도-반항, 자유, 열정

시시포스는 신들을 기만한 죄로 매일 산꼭대기까지 거대한 돌을 밀어 올려야 하는 형벌을 받는다. 그러나 돌은 산꼭대기에 도달하자마자 산 밑으로 굴러 떨어져버리고, 시시포스는 다시 처음의 자리로 돌아가 돌 밀어 올리기를 영원히 되풀이한다. 카뮈는 이런 상태가 삶의 부조리를 대변한다고 생각했다. 돌이 다시 산 밑으로 굴러 떨어졌다는 것은 모든 노력이 수포로 돌아갔음을 의미하지만, 그럼에도 시시포스는 매일매일 그 무의미한 행위를 되풀이한다.

카뮈는 시시포스가 유일하게 취할 수 있는 태도는 반항(revolt)이라고 말한다. 그것은 신이 내린 형벌을 거부하는 것이 아니라 정신적 차원의 반항이다. 시시포스는 영원히 돌을 밀어 올리는 처지에서 벗어날 수 없음을 안다. 그러나 신이 그에게 부여한 운명과 돌을 밀어 올리는 형벌의 의의를 멸시하며, 그 안에서 자신을 행복하게 하는 일말의 의미를 찾아낸다.

A팀과 B팀이 축구경기장 한복판에서 맞붙었다고 치자. A팀의 압도적인 실력이 절대 따라잡을 수 없는 득점 차이로 나타나자, B팀은 전의를 상실할 위기에 처한다. 이대로 가면 축구 경기는 B팀의 참담한 패배로 끝날 운명이다. 그러나 B팀

은 눈앞의 약세를 기정사실화하지 않고, 패배할지언정 쓰러지지는 않겠다는 정신으로 마지막까지 투혼을 발휘한다. 그럼에도 결과는 대패. 비록 결과는 돌이킬 수 없는 패배였지만, B팀이 경기 중에 펼친 투혼은 존엄할 만큼 위대한 스포츠 정신을 보여줬다.

시시포스에게서도 이런 종류의 반항정신을 볼 수 있다. 시시포스가 매번 다시 돌을 밀어 올리는 것은 부조리에 대한 부정을 의미한다. 카뮈는 시시포스의 행동을 통해, 부조리를 끌어안음으로써 부조리를 부정하는 태도야말로 부조리를 정면으로 응시하는 태도라고 말한다. 시시포스는 부조리한 운명과 끝까지 타협하지 않았기 때문이다. 이것은 카뮈가 자살을 부정하는 이유와 같다. 자살은 지고 있는 축구팀이 패배를 일찌감치 기정사실화하고 기권을 선언하는 것과 같다. 그것은 스포츠 정신을 끝까지 관철하지 않는 태도다.

그러나 카뮈식의 반항도 부조리를 대면했을 때의 반응일 뿐이다. 반항정신을 관철하려면 이를 떠받치는 태도가 필요하다. 바로 무심함(indifference)이다. 카뮈는 우리가 부조리의 본질을 이해할 때 세상 만물에 특별한 존재 이유가 없다는 것을 의식하게 된다고 말한다. 그 어떤 가치나 의의에 대해 절대성을 긍정할 수 없게 되면, 이 세계에 가치를 부여하고자 하는 시도 또한 그 중요성을 잃고 만다. 부조리에 처한 인간 (the absurd man)의 행위는 이성에 따른 가치 판단의 지배를 받지 않는다. 이는 독일의 철학자 임마누엘 칸트가 제시한 정언명령(categorical imperative)과는 배치되는 것이다.

칸트가 생각한, 행위의 옳고 그름을 판단하는 기준은 그 배후의 논리적 일관성에 달려 있다. 가령 거짓말에 속는 사람은 거짓말하는 사람이 진실을 말하고 있다고 간주하기 때문에 속아 넘어가는 것이다. 만약 거짓말이 보편화되어 상대가 진실을 말할 리 없다고 간주되는 사회가 있다면, 누구도 상대를 속이는 목적을 달성하기 어려워진다. 이는 상대의 말이 진실이라고 오해하는 사람도 없어진다는 의미다. 결국은 이렇게 서로 모순된 결과에 이르게 된다.

이처럼 행위의 논리적 일관성이 절대성을 부여하므로 사람은 거짓말을 해서는 안 된다는 것이 칸트의 생각이었다. 그러나 거짓말을 하는 사람에게는 진실을 말하는 행위야말로 절대성이 없는 것이다. 그들은 한때의 기분으로 진실을 말하는 일은 있어도, 이성이 추동하여 진실을 말하는 일은 없다. 부조리는 이성이 행동에 부여하는 모든 절대성을 소멸시켜버리는 것이다.

이러저러해야 한다는 당위 속에는 가치체계가 숨겨져 있

다. 그러나 카뮈는 모든 종류의 원칙, 사회적 기대, 의의 등 강제로 들씌워진 지침들을 없애고자 했다. 지금 같은 공리적 사회에서는 교육부터 미디어까지, 타인의 인정을 받는 것만이 의미 있는 삶인 것처럼 이야기한다. 학위라든가 사회적 지위에 이르기까지, 남들이 인정하는 것 중에 금전과 연관되지 않은 것이 없다. 무엇 하나 자본주의가 정해놓은 성공의 테두리를 벗어나 있지 않은 것이다.

그러나 부조리를 이해한 인간은 이러한 사회적 지침을 투사해서 상상한 미래를 위해 살아가지 않는다. 그 미래가 아무리 그럴듯해 보여도 죽음, 그리고 지금 이 순간의 진실을 뛰어넘을 순 없기 때문이다. 이로써 그는 미래에 대한 환상으로부터 해방된다. 누구도 죽음이라는 마지막 운명으로부터 벗어날 수는 없다는 사실을 의식할 때, 모든 규범은 더 이상 절대적 구속력을 갖지 못한다. 이렇듯 외적으로 부여된 가치에 대해 무심한 태도를 취함으로써 우리는 행동의 자유를 얻고, 자기 삶의 경험을 새롭게 정의할 수 있다.

출근이 지긋지긋한 모든 직장인은 정장을 입은 현대의 시시포스인지도 모른다. 무의미한 일이라는 돌을 매일매일 밀어 올리는 고달픈 과정에서 오는 무력감은 그저 참고 견뎌내야 하는 것이다. 그러나 병이 났다는 것은 쉬어야 할 때라는 신호이듯, 부조리감은 삶을 돌아봐야 할 때라는 것을 일깨워 준다.

모든 외재적 가치는 이성의 산물이다. 거기엔 아무런 절대적·고정적 이유가 없다. 부조리는 똑바로 서서 정면으로 마주해야 한다. 인간의 공통된 운명은 죽음뿐이라는 것을 깨달을 때, 비로소 자신의 삶을 깊이 들여다보게 되고, 사회적 기대라는 속박을 떨쳐낼 수 있게 된다. 시시포스와 마찬가지로 반항 자체가 우리를 삶의 부조리에서 벗어나게 하진 못하지만, 우리로 하여금 내면의 자유를 의식하고 삶에 우리가 소망하는 가치를 부여할 수 있도록 한다. 바로 이것이 삶에 대한 열정, 뜨거운 애정의 표현이다.

존

알베르 카뮈　　　　　　　　　　　　　　　**Albert Camus, 1913~1960**

알제리 태생의 소설가로 《시시포스 신화》《이방인》《반항하는 인간》《페스트》 등을 썼다. 제2차 세계대전 때는 반파시스트 지하운동에 참여하기도 했다. 1957년 노벨 문학상을 수상하고 3년 뒤 교통사고로 사망했다. 그의 나이 46세였다.

카뮈는 스스로를 실존주의자로 칭하지 않았지만, 인간의 실존 체험에 큰 관심을 갖고 고민했기에 실존주의자로 불리게 된다.

혐오
뜻대로 안 되는 세상을 미워하다

니체

혐오를 벗어나 분노를 동력으로

급격히 변화하는 환경, 무정한 사회, 험악한 인심, 쉴 틈을 허락지 않는 과도한 업무, 희망이 보이지 않는 미래에 대해서는 혐오의 감정이 수반될 수밖에 없는 것일까? 요즘 젊은이들 사이에서는 세상에 대한 혐오가 하나의 유행이 되어 있다. 그러나 어떻게 해야 제대로 세상을 혐오하는 것일까? 혐오의 최고 경지는 혐오 자체에서 벗어나는 것, 분노를 동력으로 바꾸는 것이라는 사실을 당신은 알고 있는가? 니체의 초월 철학은 우리로 하여금 부정적이며 소극적인 태도를 떨치고 비관을 동력으로 바꾸어, 스스로를 뛰어넘도록 이끈다!

매일 똑같은 시각에 울리는 똑같은 알람, 똑같은 길을 거쳐 도착하는 똑같은 건물, 똑같은 엘리베이터 안으로 밀려드는 이들과의 불쾌한 밀착, 그와 함께 따라오는 무력감.

이윽고 사무실에 도착하면 마주치는 동료들의 늘 똑같은 차갑고 딱딱한 얼굴, 상사의 늘 똑같은 불만과 무시, 늘 똑같이 번잡한 업무, 늘 똑같이 결려오는 어깨, 늘 똑같이 문제투성이인 세상. 혐오스럽기 그지없다.

퇴근해 사무실을 빠져나와도 마찬가지다. 늘 똑같은 피로와 상실감, 늘 똑같은 만원 지하철에서의 외로움, 시끌벅적함 속의 묘한 적막. 거리에서 보는 연인들의 행복은 별빛처럼 찬란하고 그들의 비극은 세상의 종말처럼 비참한데, 내 집에서 마주치는 가족들이나 가까운 친구들과는 이렇다 할 대화도 없는 현실. 회사 바깥의 사적 세계까지도 똑같이 삭막하고 혐오스럽기만 하다.

일도, 상사도, 동료도, 세상도, 나 자신도 혐오스럽기만 하다. 굶어죽지만 않을 정도의 푼돈을 버는 것 외에 아무런 의미도 낙도 없는 삶. 새삼스러울 것 없는 사소한 성취, 딱히 말할 가치 없는 작은 진전. 이제 몇 시간만 지나면, 또다시 오늘 같은 혐오스러운 하루가 시작될 것이다.

마땅히 해야 하는 것은 없다

인간이란 동물과 초인 사이에 놓인 하나의 밧줄, 심연 위에 놓인 밧줄이다. 그 줄을 타고 건너가는 것도, 멈추어 뒤돌아보는 것도, 두려움에 떨며 그 자리에 머물러 있는 것도 위험하다.

_《차라투스트라는 이렇게 말했다》에서

니체라는 이름을 듣는 순간 많은 이들이 "신은 죽었다!"라는 말이나 '초인철학'을 떠올릴 것이다. 이 철학자를 통해 우리는 혐오를 극복하는 법에 대해 힌트를 얻을 수 있을 것이다.

니체는 줄곧 사람들이 사는 모습이 왜 그토록 다른지 불가해했다. 왜 똑같은 곤경 앞에서도 어떤 사람은 의지로써 돌파하고 어떤 사람은 의욕을 잃고 주저앉고 마는가? 왜 어떤 사람은 자신의 의지를 소멸시켜 삶의 추구를 거부하고, 자신의 생명까지 끊어버리는가? 생명의 기저에는 그러한 심경의 전환을 일으키는 어떤 기제가 있지 않을까? 그런 이유로 니체는 자신의 사상이 절반 이상은 심리학이라고 말하기도 했다. 물론 그가 말하는 심리학은 오늘날의 심리학과는 의미가 많이 다르다. 오늘날의 심리학은 니체의 심리학을 심리학의 일부로조차 여기지 않을 것이다.

니체가 일생에 걸쳐 몰두한 것은 인간의 삶의 처지와 심경 사이의 연결이었다. 또한 삶의 처지는 세상을 해석하는 관점과 실존의 기반과도 연결된다. 즉 단순한 하나의 심경으로부터 복잡하고 추상적인 사상으로, 나아가 권력에의 의지에 이르게 된다.

니체의 허무주의는 생명을 포기하고 삶이 무의미하다고 하는 허무가 아니다. 오히려 허무는 우리에게 세상은 본래 혼란스럽고 무질서하다는 사실을, 그러므로 이러저러해야 한다거나 뭔가 예정돼 있다거나 다른 가능성은 없다는 건 있을 수 없음을 일깨운다. 니체의 허무는 세상의 온갖 규범과 규정으로부터 인간의 의지를 해방시킨다. '마땅히 ~해야 한다'라는 당위가 없으므로 인간의 의지는 더 많은 자유를 얻고, 변명의 여지는 현저히 줄어든다. 이로써 인간은 마음껏 생명의 꽃을 피워나갈 수 있다.

그런데 어째서 니체에 대한 인상은 허무, 그리고 신은 죽었다는 부정, 그리고 사고의 전복뿐일까?

신은 죽었으니 신을 핑계로 대지 마라

사람들은 자유를 사랑한다고 말하지만, 실상은 절대적 자유를 두려워한다는 게 니체의 생각이었다. 우리는 제도와 규칙을 만들고 나서 그것을 당위로, 나아가 불변의 진리로까지 여긴다. 이는 한편으로 의지의 확장이다. 즉 인류가 자신의 권력의지를 세상 전체, 심지어 우주로까지 확장하는 것일지 모른다. 다른 한편으론 내 의지대로 살아가는 것을 제한하는 것이기도 하다.

결국 인간은 신을 창조함으로써 자기 의지의 무력함에 대한 핑계로 삼기 시작했다. "하늘의 명을 따라야 한다" "신의 뜻을 거스를 수는 없다" 같은 말은 인간의 의지를 움츠러들게 하고 안일함을 좇는 이유가 된다. 그러므로 "신은 죽었다"는 말은 삶에는 아무 의미도 없다는 말이 아니다. 오히려 신은 이미 죽었으므로 인간은 더 이상 움츠러들거나 뒷걸음질

치도록 만드는 의지의 무력함에 대해 변명을 찾을 수 없게 된다. 이젠 신의 뒤에 숨어, 책임이나 가치 평가를 신에게 떠넘길 수 없다. 인간 스스로 모든 가치를 새롭게 평가하고 재구성해야 한다.

그렇기 때문에, 니체에게 모든 실재는 영원히 뒤섞이고 부단히 움직이는 것이었다. "영원히 불변하는 것은 변화한다는 사실뿐"이라고 했던 고대 그리스의 철학자 헤라클레이토스의 우주관처럼. 헤라클레이토스는 "같은 강물에 두 번 발을 담글 수 없다"고도 했다. 처음 발을 담갔을 때의 강물은 이미 흘러가고 없기 때문이다.

니체에게 진실로 존재하는 것은 끊임없이 변동하는 권력에의 의지뿐이었다. 그것은 권력을 확장하기 위해 움직이는, 부단히 솟구쳐 오르는 의지다. 니체의 '의지'는 쇼펜하우어, 그중에서도《의지와 표상으로서의 세계》에서 영향을 받은 것이다. 쇼펜하우어는 실재의 본질은 무한한 의지, 갈망, 충동이며 다른 모든 것은 의지가 충돌하여 생겨난 표상일 뿐이라고 말한다.

그러나 니체는 쇼펜하우어처럼 삶에 대한 비관을 진리로 여긴다거나, 예술을 도피나 위안의 수단으로 삼지 않았다. 오히려 니체는 인간이 자신의 의지를 충분히 펼치지 않은 탓에,

비관과 부정을 진리로 여기는 자기기만으로 숨어드는 것이라고 생각했다.

존재의 본질이 부단히 변동하는 권력에의 의지뿐이라면, 우리가 보고 듣고 만지고 체험하는 것은 무엇이란 말인가? 니체는 물질적 존재를 부정하지 않는다. 다만 일체의 사물은 불교에서 말하는 것처럼 연(緣)에 따라 모였다가 흩어지지만, 의지의 변화에 따라 결과가 다르게 나타나는 것이라고 강조한다. 결국 인간은 의지가 창조하는 표상의 세계에서 영원히 살아가는 것이다.

이쯤에서 독자들은 뭔가 이상하다고 느낄 수 있다. 세계의 본질이 부단히 변화하는 의지에 있다면, 어째서 세상은 내가 바라는 모습대로 되어 있지 않을까? 세상은 내 의지와 무관하게, 심지어 그 반대로 펼쳐져 있는 것만 같은데?

그것은 니체가 말하는 의지란 한 사람의 의식적인, 특히 이성의 통제 아래 있는 의지와 정확히 일치하는 것이 아니기 때문이다. 니체가 강조하는 것은, 의지의 변화에는 더 많은 가능성을 창조해낼 수 있도록 더욱 강해지려는 경향만이 존재한다는 점이다. 그러므로 하나의 신체에 하나의 의지가 결합돼 있는 것도 의지가 표현해낸 세계의 결과 가운데 하나다.

이성은 권력에의 의지에서 때로는 좋은 역할을, 때로는 나

뿐 역할을 한다. 이성의 계산과 분석은 복잡하기 그지없는 표상을 지나치게 단순화해버리고, 이렇게 단순화된 세계는 진리로까지 여겨져 사람들로 하여금 '이것이 아니면 안 된다' '마땅히 이래야만 한다'고 생각하게 만든다. 마치 그것이 태초부터 존재해온, 절대로 거스를 수 없는 진리이기라도 한 것처럼.

초인이 가르쳐주는 혐오의 극복

이런 설명은 니체의 사상을 너무 단순화하는 것인지도 모른다. 니체는 시인일 뿐 어떤 사상을 창안하겠다고 한 적이 없고, 자신의 논증을 빈틈없는 이론으로 다듬어야겠다고 한 적은 더욱 없다. 니체의 가치는 우리로 하여금 완전히 새로운 방식으로 세계를, 삶을, 생명력을 구상하도록 한다는 데 있다. 니체는 수많은 철학자와 과학자가 제시한 진리가 실은 얼마나 취약한지, 객관적이며 견고해야 할 실재가 얼마나 취약한 표상의 기초 위에 있는지, 반대로 생명력의 근원에 존재하는 의지가 갈망하는 힘은 얼마나 왕성하고 강대하며 폭발력으로 충만하고 순순히 통제당하지 않는지를 무심코 가리킬 뿐이다.

고대부터 모든 철학자는 욕망을 멸시해왔다. 욕망은 혼란을 야기할 뿐이라고 생각했다. 그러나 니체는 그러한 혼란 속에서도 욕망과 의지의 힘을 다시 주목한다. 이성은 의지가 만들어내는 파격과 무질서를 두려워하여 충동을 억누르고자 하지만, 의지의 충동이 폭발할 때 우리는 비로소 발견하게 된다. 이성이 구축해놓은 질서는 충동 앞에서 얼마나 부서지기 쉬운 것인지를 말이다.

철학의 역사에서 니체만큼 급진적이며 극단적인 사상가도 흔치 않다. 우리는 그의 사상을 통해 영원히 변화하는 세계에 눈을 두고, 과거나 안정이라는 환각에 이끌리지 않으며, 모든 가치를 새롭게 평가하고 재구성함으로써 범인(凡人)을 넘어설 수 있다. 그러나 그런 사람은 바로 그러한 이유로, 그가 속한 시대에는 미움을 받을지 모른다.

이러한 초인은 결코 인간 세상에 강림한 신의 현현이 아니다. 그는 오히려 자신이 처한 시대의 조건 속에서 허무를 깨닫고, 비극과 자유를 끌어안기로 한 존재다. 니체가 말하는 초인은 너무 무거운 짐을 짊어지고 있는지도 모른다. 맹자가 말하는 "하늘이 장차 그 사람에게 큰 소임을 맡기려 할 때"의 '그 사람'처럼 차마 감당하기 힘든 기나긴 시련과 고난 속에서도 증오나 혐오에 빠지지 않고 분노마저 힘으로 승화시키는 초인의 모습은, 현대인의 삶에 혐오와 분노를 극복하는 방법의 실마리를 던져준다.

증오하는 자들

니체에 따르면, 이 세상에 진정으로 존재하는 것은 권력에의 의지뿐이다. 나머지는 그 의지 내부의 움직임이 창조해내는 여러 가지 표상일 뿐. 이러한 의지 아래의 실제 세계엔 고정 불변의 실체가 없다. '나' 혹은 '주체'라는 것도 권력에의 의지 내부에서 구성되어 나온 것일 뿐이다. 권력에의 의지는 끊임없이 변화하고 움직이는 것이기에 안과 밖이 없고, 전체와 부분이랄 것도 없다. 이 때문에 의지 내부의 움직임은 서로 보완될 수도 있고 상쇄될 수도 있다.

같은 이유로, 각기 다른 작용의 힘으로 한 존재의 표상이 드러날 때 의지는 강할 수도 있고 약할 수도 있으며 심지어 자기파괴적일 수도 있다. 이 모든 심리적 상태 가운데 가장 보편적인 것은, 증오로 가득 찬 삶이다. 그러한 의지로 살아가는 이들은 '마땅히 ~해야 한다'는 당위의 세계에 살면서 세상의 모든 기준과 법도, 세계에 대한 세상 사람들의 관점을 전적으로 수용한다. 그러나 이들의 의지는 끊임없이 좌절 당하고, 자신이 언제나 수모와 고난을 당하고 있다고 느낀다. 그래서 자신에게 역경을 주는 모든 것을 증오한다. 하지만 그 러한 증오 감정에 빠져 있는 것을 즐길 뿐 아무 행동도 하지 않는 채로 머문다.

이들은 스스로 세상의 모든 규정을 받아들인다. 심지어 '나 는 무엇을 원해야 하는가' '무엇을 즐겨야 하는가'까지도. 이 들이 추구하는, 반드시 있어야 하는 것은 연봉이 높은 직장이 나 세상 사람들이 말하는 성공, 사회의 기대에 부합하는 배우 자 같은 것들이다. 이들에게는 그런 것이 있어야만 행복하고, 집과 차가 있어야만 안정이 된다. 이들에게 삶이란 하나하나 얻어나가야 할 것들을 적어놓은 목록일 뿐이다. 이들은 아직 손에 넣지 못한 것을 추구하면서도 그 과정을 증오한다. 니체 가 말한 부정적 비관주의다. 현실을 비관적으로, 아무런 행동 도 없이 묵묵히 받아들이며, 오로지 증오 의지로만 대항하는 것이다. '증오하는 자'가 이들의 이름이다.

거부하는 자들

니체의 눈에 비친 쇼펜하우어는 자기파괴적 의지를 펼치는 사람이었다. 삶의 의의를 부정하고, 아무런 갈망도 추구도 없다. 바로 거부하는 자들이다. 이들은 증오하는 자보다 더 세상을 혐오한다. 삶의 고난이나 난제를 혐오하기만 하는 것이 아니라 모든 고난과 난제를 거부하기 때문이다. 갈망이나 추구는 고난의 근원일 뿐이다. 그래서 뭔가를 원하는 나 자신을 거부하고 도피한다. 니체가 보기에 이들은 자살하려는 사람도 아니었다. 이들은 그저 모든 종류의 욕망 자체를, 욕망의 주체를 거부하는 것이었다. 니체는 이런 심리적 상태가 불교의 '아집을 버린다'와 가깝다고 말한다.

증오하는 자는 마땅히 가져야 하지만 갖지 못한 대상을 증오한다. 하지만 거부하는 자에게 삶의 의의는 무아(無我)에 있다. 니체는 이러한 심리를 소극적 비관주의라고 불렀다. 이들은 행동하는 것에 비관적이기에 욕망의 주체 자체를 소멸시키고자 한다. 욕망이 없으면 고통도 없고 비관도 사라지기 때문이다.

비극적인 자들

그런가 하면 고난을 끌어안은 자도 있다. '비극적인 자'라고 이름 붙일 수 있을 것이다. 이러한 심리 상태에 있는 사람은 고난이 자신을 괴롭히는 뭔가라고 여기지 않는다. 고난과 난제에 대해 따져 묻지도 않는다. 오히려 고난과 난제에 한 개인의 차원을 뛰어넘는 의미를 부여하고, '나'로부터 빠져나와 '우리'에 합류한다.

비극적인 자와 거부하는 자는 이렇게 해서 하나의 저울을 이루는 양끝에 위치한다. 거부하는 자는 욕망을 소멸시킴으로써 고난에서 벗어나고자 하고, 비극적인 자는 고난을 끌어안으며 행동을 한다. 비극적인 자가 고난을 고난으로 느끼지 못한다는 뜻은 아니다. 자신이 사는 시대의 특정 표상, 특정 해석, 특정 진리에 내포돼 있는 모든 도전을 간파하고 체념해 버린 탓에, 고난도 난제도 일상적인 것으로, 무상함도 평범한 것으로 여길 뿐이다. 그렇기 때문에 고난에 직면해서도 괴로움에 사로잡히지 않는다.

자신이 속한 시대의 한계와 난제를 받아들였다 해도 이들은 그 시대의 구조를 뛰어넘을 능력은 없다. 다만 시대의 비극 속에서 비극적인 자를 연기하는 배우가 될 뿐이다. 니체는 이러한 심리를 적극적 비관주의라고 불렀다.

염세를 뛰어넘어, 초인이 돼라

마지막으로 초인이 있다. 시대의 고난을 적극적으로 끌어안을 뿐 아니라, 그 고난이 특정 조건에서의 결과일 뿐이라는 점을 간파하는 능력도 있다. 초인은 행동으로 가치를 전복하고 재구성하여 세계를 새롭게 해석한다.

초인과 비극적인 자의 차이는 니체가 말한 영겁회귀에 있다. 비극적인 자가 의지를 행동으로 전환시키고 그 행동에 내재된 시련을 받아들였다 해도, 그의 행동에는 여전히 더 나은 세계와 '마땅히 ~해야 한다'는 당위의 삶이 설정돼 있다. 그러나 초인의 행동은 더 좋을 것도 더 나쁠 것도 없이 실재가 본래 이러하다는 것을 인정한 채, 가치를 재고하고 질서를 재구성하는 의지의 행동이다. 그래서 그의 행동은 영원히 회귀하는 가운데에서도 초심에 변함이 없다. 아무리 조건이 달라지더라도 그의 의지는 한결같다.

비극적인 자는 다음번 세상이 더 낫기를 희망하고, 증오하는 자는 마땅히 가졌어야 하나 갖지 못한 것을 증오하고, 거부하는 자는 모든 욕망을 거부할 뿐이다. 어떤 생이든 마찬가지다.

이런 네 가지 심리 상태는 권력에의 의지를 펼치는 네 가지 형태이기도 하다. 독자들은 이 중에서 자신과 가깝다고 여겨지는 유형을 찾을 수 있을 것이다.

니체에게 '비관'은 긍정적인 의미의 말이었고, '소극'은 꼭 비관과 함께 엮이는 말이 아니었다. 현대사회는 니체의 기준에 지나치게 이성적이다. 뿐만 아니라 인류 자신이 모든 욕망을 초월할 수 있다고, 모든 변수를 판단하고 통제할 수 있다고 여긴 끝에, 마침내 편리한 이성의 새장 안에 스스로를 가둬버렸다. 이와 함께 인류의 의지도 새로이 창조해나갈 공간을 잃었다.

이토록 이성적인 사회에서 모든 일은 리스크가 있는지 없는지, 값어치는 있는지 없는지 사전에 반드시 계산하고 계획해야 하는 것이 됐다. 그리고 이러한 계산은 대개 '결혼해서 가정을 이뤄야 행복하다' 같은 무성한 공식들로 이뤄져 있다. 그 속에서 우리는 과연 몇 번이나 자문해봤을까. '내가 진짜로 원하는 건 뭐지?' '내가 진심으로 살고 싶은 삶은?' '내가 꼭 하고 싶은 일은 뭘까?'

니체는 말한다. 세계는 본래 끊임없이 뒤섞이며 움직이는 욕망일 뿐이며, 인간은 자기 자신에 대한 망상이 지나치다고.

쑨요우룽

프리드리히 니체　　　　Friedrich W. Nietzsche, 1844~1900

독일의 사상가로 《차라투스트라는 이렇게 말했다》《비극의 탄생》《이 사람을 보라》《도덕의 계보》《인간적인 너무나 인간적인》 등의 저서가 있으며, 니체의 글은 아포리즘을 자주 활용하는 독특한 스타일로 이루어져 있다. 고대 그리스어와 라틴어 문헌학자이기도 했던 그는 24세에 스위스 바젤대학교의 고전어문학 교수가 되었을 만큼 고대 그리스어와 라틴어 문학에도 익숙했다.

니체의 사상은 독일의 철학자 쇼펜하우어(Arthur Schopenhauer, 1788~1860)의 영향을 많이 받았고, 그 자신은 하이데거와 푸코, 그 외 실존주의 철학자 등 20세기의 여러 철학자에게 큰 영향을 미쳤다. 평생 정신병으로 고통받았던 니체는 이 때문에 교수로 임용된 뒤 얼마 지나지 않아 사임했고, 1889년에는 정신병이 돌이킬 수 없이 악화되어 11년간 앓다가 세상을 떠났다.

불평
나를 이용하려 하지 마

칸트와 파핏

인간의 도구화에 대하여

당신을 갈구고 쥐어짜기만 하는 상사, 당신을 이용하려고만 드는 동료와 부하직원들. 생각만 해도 불만과 분노가 치솟는가? 타인을 도구화하는 건 도덕도 양심도 없는 짓거리라고 외치고 싶은가? 사람을 도구화하는 행위는 분명 반감을 불러일으키고, 도덕적으로 잘못된 것이라고 말할 수 있다. 그러나 과연, 일말의 예외도 없이 반드시 그렇기만 할까?

칸트는 인간의 도구화를 결사적으로 반대했지만, 영국의 철학자 데릭 파핏은 인간의 도구화에 대하여 한 걸음 더 나아간 규명과 반성적 사유를 보인다. 특정 조건 하에서 사람들은 기꺼이 서로의 도구화를 허용한다는 것.

드디어 1년간 기다려온 장기 휴가! 아창은 에스토니아로 여행을 떠나기로 했다. 회사 동료들은 기대에 들떠 있는 아창에게 이런저런 물건을 사다달라고 부탁했다. 그러나 아창은 공항으로 가다가 교통사고를 당하고 말았다. 다행히 크게 다치진 않았지만 병원에서는 일주일 정도 예후를 지켜보자고 했다. 사고 소식을 들은 동료 아밍은 퇴근하자마자 병원으로 향했다.

아창은 감격해서 눈가가 촉촉해졌다.

"처음으로 병문안 와준 동료가 너일 줄이야……."

"우리 사이에 무슨 말이 더 필요해? 참, 내가 부탁한 에스토니아 수제 스웨터는 어떻게 됐니?"

"보다시피 공항 가는 길에 사고가 나서 비행기도 못 탔어."

"그렇구나, 그럼 어쩔 수 없겠네. 참, 의사 선생님은 너 언제쯤 퇴원할 수 있다고 하셔?"

"일주일은 더 지켜봐야 한대. 왜, 퇴원하면 맛있는 거라도 사주려고?"

"아니, 퇴원한 뒤에 에스토니아에 갈 수 있나 해서. 그 스웨터, 내가 진짜 갖고 싶었던 거거든."

아밍의 관심사는 오직 스웨터일 뿐 아창의 건강은 안중에도 없다. 우리는 이런 처신이 옳지 않다는 것과, 이런 사람은 어딜 가나 미움받기 십상이리라는 것도 어렵지 않게 판단할 수 있다. 만약 누군가가 "아밍처럼 사람을 대하면 왜 안 되는가?"라고 묻는다면, 가장 흔하게 돌아올 대답은 "상대를 수단으로만 여겼으니까"일 것이다. 우리는 타인을 수단으로만 대하는 사람을 싫어한다.

그런데 생각해보자. 타인을 수단으로 삼는 것이 꼭 나쁘기만 한가? 사장은 직원을 수단으로 삼아 돈을 벌고, 승객은 운전기사를 수단으로 삼아 목적지까지 도착하고, 손님은 카운터 직원을 수단으로 삼아 물건 값을 결제한다. 그런데 우리는 이런 모든 사례에 대해 옳지 않다고 비난하지 않는다. 타인을 수단으로 삼는 것이 타인을 통해 자신의 목적을 이루는 것을 뜻한다면, 다른 몇 가지 조건이 더 만족돼야만 우리는 아밍의 행위가 바람직하지 않다고 판단할 수 있다.

타인을 도구로 삼으면 왜 안 되는 것일까

칸트라면, 순수도구원칙에 따라 아밍의 태도는 올바르지 않다고 말할 것이다. 순수도구원칙이란 타인을 순수하게 도구로 삼아 사용하는 것이다. 한편 도구원칙은 타인의 능력, 활동, 신체를 사용해서 우리의 목적을 달성하는 것이다.

둘의 차이는 전자가 도덕적으로 올바르지 않다는 데 있다. 이제 남는 문제는 이 순수도구원칙을 어떻게 이해해야 하는 가이다.[1]

또 다른 차이는 타인의 복지를 함께 고려하고 있느냐다. 앞의 에피소드에서 아밍은 아창을 기념품 구입의 도구로 사용할 뿐 아창을 생각하는 마음은 전혀 없다. 그렇다면 그가 아창을 대하는 태도는 올바르지 않다. 그건 사실상 무생물을 대하는 태도다. 망치로 못을 박을 때 우리는 못의 의사는 고려하지 않는다. 못이 잘 박혔는지만 따진다. 잔에 뜨거운 커피를 부을 때도 우리는 잔이 너무 뜨거워지지 않을까 염려하지 않는다. 그저 커피를 마시고 싶어 할 뿐이다. 우리는 무생물을 순수한 도구로 삼을 수 있지만, 사람에 대해서는 그렇게 하면 안 될 것만 같다. 최소한 칸트는 그렇게 하면 안 된다고 생각했다.[2]

영국 철학자 데릭 파핏은 그의 저서 《대수로운 일에 대하여》에서, 칸트의 순수도구원칙에는 문제가 있다고 지적한다. 첫 번째 문제는 원칙이 너무 약하다는 것이다. 타인의 복지를 약간이라도 고려하기만 하면, 타인을 순수한 도구로 삼지 않은 것이 되는가?

만약 아밍이 아직 회복되지 않은 아창을 퇴원시켜 에스토니아로 보낸 뒤 스웨터를 사오게 했다면? 그 탓에 아창은 이후 30년간 건강이 50% 나빠진 채 살게 됐다고 하자. 그런데 아창의 복지를 고려해 병원에서 5분쯤 쉬게 한 뒤 에스토니아로 보내 건강이 49.9% 나빠졌다면, 어쨌거나 아밍의 복지를 고려했으므로(건강이 0.1% 덜 악화되도록 함) 그를 순수한 도구로 삼지는 않은 것이 되는가?

따라서 타인의 복지에 대한 고려는 전부 아니면 전무가 기준이 돼야 한다. 이에 더해서 파핏은 타인의 복지를 얼마나 고려하느냐에 따라 순수도구원칙을 다음과 같이 수정해야 한다고 말한다.

타인을 순수한 도구로 삼거나 그에 가까운 행위는 모두 도덕적으로 올바르지 않다.

그렇다면 타인의 복지는 얼마만큼 고려해야 충분하냐고 물을 수도 있겠다. 파핏은 여기에 정해진 답은 없다고 말한다. 이것은 마치 키가 몇 센티미터면 충분히 큰 것인가와 같은 정도의 문제(matters of degrees)여서, 이도 저도 아닌 경계 사례(borderline case)가 너무 많을 수 있기 때문이다. 그러나 아창과 아밍의 이야기에서, 5분이라는 휴식 시간이 충분치 않은 것만은 분명하다.[3]

칸트에 따르면, 타인을 순수한 도구로 삼는 행위는 예외 없이 도덕적으로 올바르지 않다. 파핏은 반드시 그렇지는 않다고 말한다.

x가 y를 g라는 목표를 달성하기 위한 순수한 도구로 삼았더라도 x는 도덕적으로 잘못되지 않았을 수 있다.

만약 에스토니아 여행이 순조로워 스웨터를 사다줄 수 있었다고 해보자. 아밍은 애초에 병문안을 갈 필요도 없고, 자신의 목적을 이루자고 아밍을 억지로 퇴원시킬 필요도 없다. 스웨터를 구하기 위해 아창을 순수한 도구로 삼는 태도에는 변함이 없으므로, 아창을 억지로 퇴원시켜야만 자신의 목적을 이룰 수 있었다면 아밍은 아마 그렇게 했을 것이다. 그렇게

하지 않은 것은 단지 그렇게 하지 않아도 목적을 이룰 수 있는 상황이었기 때문이다.[4]

악한 동기, 선한 결과 vs 선한 동기, 악한 결과

칸트에 따르면, 실제로 아창에게 해를 입히지 않았다 해도 아밍은 여전히 도덕적으로 잘못이 있다.[5] 그러나 파핏은 칸트의 원칙이 너무 엄격하다고 말한다. 그런 상황이라면, 아밍의 행동은 도덕적으로 잘못되지 않았다는 것이 파핏의 생각이었다. 이처럼 파핏은 비난할 수 없는 상황을 예로 들어, 순수도구원칙을 한 번 더 수정한다.

타인을 순수한 도구로 삼거나 그에 가까운 행위가 일정 정도 이상 그 타인에게 해를 입혔다면, 그것은 도덕적으로 잘못된 것이다.

그러므로 어떤 행위가 도덕적으로 잘못인지 아닌지를 판단할 때는 동기 외에도 타인에게 실제로 해를 입혔는지 아닌지를 고려해야 한다. 비록 당신이 타인을 순수한 도구로 삼았다 해도 당신의 행위가 그에게 해를 입히지 않았다면, 파핏은 그런 행위에 대해서는 도덕적 비난을 해서는 안 된다고 생각했다.

그러나 여전히 문제가 존재한다. 가령 x가 y를 순수한 도구로 삼았고 y에게 해를 입혔다 해도, x는 도덕적으로 잘못되지 않았을 수 있다. 이 부분에서 파핏은 칸트의 동의원칙을 언급한다. 동의원칙이란 타인이 이성적으로 동의한 방식에 따라 이성적으로 그를 대했다면, 이것은 타인을 목적으로 대한 것이지 순수한 도구로 삼은 것이 아니라는 것이다.

바꿔 말해서, 동의원칙이 성립됐다면 타인을 순수한 도구로 삼는 도덕적 잘못을 범한 것이 되지 않는다. 이 지점에서 파핏은 그 유명한 트롤리 딜레마(Trolley Problem)를 예로 든다.

전차가 보행자 5명과 충돌할 것 같은 상황이다. 그 5명을 구할 유일한 방법은 친구가 당신을 육교에서 떨어뜨려 전차를 멈추는 것뿐이다. 만약 당신이 동의하지 않았는데 친구가 당신을 밀어서 떨어뜨렸다면, 친구의 행위는 당신을 순수한 도구로 삼은 셈이다. 누군가는 "그건 당신을 순수한 도구로 삼은 것이므로, 당신은 아마도 도덕적으로 잘못된 친구의 행위에 동의하지 않을 것이다"라고 말할 수도 있다.

그러나 파핏은 이런 것이 동의원칙의 본래 의미라고 생각하지 않았다. 이런 행위에 대한 당신의 동의가 없었다면 일단 잘못이지만, 당신이 꼭 동의하지 않았으리라고 볼 수는 없다는 것이다. 만약 당신이 친구의 행위에 동의했을 법한 사람이라면, 친구의 행위는 당신이 분명 동의하리라는 예상에 바탕을 두고 행한 것이 된다. 이런 경우, 비록 당신이 명시적으로 동의하진 않았다 해도 친구의 행위가 비난을 받아서는 안 된다는 게 파핏의 생각이었다.

그런데 생각해보자. 동의를 받지 않은 상태에서 타인에게 해를 입혀 목적을 달성한 것인데, 도덕적 잘못이 아니라고 할 수 있을까? 파핏은 도덕적 잘못이 아닐 수도 있다고 말한다.

첫 번째, 동의를 얻지 않은 상태에서 타인에게 해를 입혀 목적을 달성했다 해도, 반드시 그 사람을 순수한 도구로 삼은 것은 아닐 수도 있다. 두 번째, 타인을 도구로 대했다 해도, 꼭 그를 순수한 도구로 삼은 것은 아닐 수 있다. 세 번째, 타인을 순수한 도구로 삼았다 해도, 꼭 도덕적 잘못은 아닐 수 있다.

가령 습격을 받아 생명에 위협을 느낀 당신이 상대의 가랑이를 힘껏 걷어찼다고 해보자. 가랑이를 걷어참으로써 당신은 안전이라는 목적을 달성했고, 상대에게 해를 입혔으며, 상대의 동의를 얻지도 않았다. 그러나 상대를 도구로 삼은 것이었다고는 말할 수 없다. 안전이라는 목적을 달성하기 위해, 당신은 습격자가 근본적으로 출현하지 않기를 가장 희망했을 것이다. 습격자를 사용하려는 마음이 있었다면, 습격자가 현장에 나타나기를(그리고 그의 가랑이를 걷어차기를) 희망했을 것이다. 그러므로 당신은 습격자를 도구로 삼은 것이 아니다.

다시 트롤리 딜레마로 돌아와서, 당신은 육교에 있고 친구는 멀리 떨어져 있다. 친구의 손에는 육교의 시설을 통제할 수 있는 제어기가 있다. 친구가 제어기의 버튼을 누르면 당신은 아래로 떨어져 전차와 충돌하고, 대신 5명의 보행자를 구할 수 있다.

친구가 당신의 동의 없이 버튼을 눌러 보행자 5명을 구했다고 하자. 분명 친구는 당신을 목적 달성의 도구로 삼은 것이다. 동의를 얻지 않은 상태에서 당신의 신체를 사용하고, 당신에게 해를 입히기까지 했다.

그러나 파핏이 이해한 동의원칙 아래에서는, 당신이 동의했다면 친구의 행위는 도덕적으로 잘못이라고 할 수 없다. 그러나 지금 문제는 친구가 당신을 순수한 도구로 삼았느냐이고, 파핏은 아닐 수도 있다고 말한다. 가령 친구 자신이 전차와 충돌하기를 원했는데 도저히 그럴 시간이 없어서 부득이하게 제어기의 버튼을 누른 경우라면 말이다.

또 다른 예를 들어보자. 흉악하기로 유명한 어느 불량배가 커피를 마시기 위해 카페에 들어갔다. 만약 카페 직원의 동의를 거치지 않고 직원을 총으로 쏴 죽여야만 커피를 살 수 있다면, 그는 그렇게 했을 것이다. 그러나 현실에서는 커피를 산다는 목적을 달성하기 위해 굳이 직원을 죽일 필요가 없다.

이 예에서, 불량배는 분명히 카페 직원을 순수한 도구로 삼고 있다. 그는 분명 동의를 거치지 않고 직원에게 해를 입혔을 것이기 때문이다. 그러나 그는 그러지 않았으므로 도덕적으로 잘못된 것은 아니었다.

그렇다면 칸트의 순수도구원칙은 우리의 도덕적 판단에 대해 아무것도 말해주지 못하는 것일까?

파핏은 칸트의 순수도구원칙이 우리에게 중요한 진실 한 가지를 말해주고 있다고 지적한다. 타인을 순수한 도구로 삼는 것은 분명 도덕적으로 잘못이지만, 행위의 옳고 그름은 타인을 순수한 도구로 삼는 태도와는 무관하다는 것이다.

불량배는 카페 직원을 순수한 도구로 삼았지만, 그의 최종 행위—값을 치르고 커피를 구입한 것—가 그 때문에 도덕적 잘못이 되진 않는다. 같은 이치를 다시 아밍에게 적용해보자. 아밍의 최종 행위가 잘못된 것이라면, 설령 아창을 순수한 도구로 삼지 않았다 해도 그의 행위는 도덕적으로 잘못된 것이다.

아창은 다시 자신의 병실을 찾아온 아밍을 보았다.

"어, 아밍. 왜 다시 왔니?"

"아창, 내가 잘못했어. 사고를 당해 입원해 있는 너에게 스웨터 얘기만 해서 정말 미안해. 그러지 말았어야 했는데. 용서해주겠니?"

"그래, 사과해줘서 고마워. 네 진심, 충분히 느껴져."

"고마워, 아창. 그럼 잘 쉬어. 스웨터 일은 너무 마음에 담아두지 말고."

이때 아창이 주섬주섬하며 뭔가를 꺼내려 하자, 다시 아밍이 물었다.

"아창, 뭐 하는 거야?"

"아밍, 네 말에 정말 감동받았어. 너만큼 내 생각을 해주는 사람은 없는 것 같아. 이제 퇴원동의서도 썼겠다, 그 스웨터는 내가 꼭 사서 돌아올게!"

쑤즈잉(蘇子媖)

임마누엘 칸트   Immanuel Kant, 1724~1804

독일의 철학자로 《순수이성비판》《실천이성비판》《판단력비판》《도덕형이상학 정초》 등의 저서가 있다. 동프로이센의 쾨니히스베르크에서 태어나 현지에서 대학교를 졸업했으나 교수직을 얻기 쉽지 않아 근교의 마을에서 한동안 가정교사를 했다. 이 시기 외에는 평생 출생지를 떠난 적이 없다.

46세이던 1770년 쾨니히스베르크대학교에서 논리학과 형이상학 강의를 담당하는 교수가 되어 1797년에 퇴임했다. 칸트는 매일 같은 시간에 같은 길을 산책했기 때문에 마을 사람들은 칸트의 산책 시간을 기준으로 시계를 맞출 만큼 평생 규칙적으로 생활한 것으로 유명하다.

데릭 파핏   Derek Parfit, 1942~2017

20세기 말에서 21세기 초까지 윤리학에 큰 영향을 미친 영국 철학자. 《이성과 인간(Reasons and Persons)》《대수로운 일에 대하여(On What Matters)》 등의 저서가 있다.

파핏은 부모의 직업상 중국 쓰촨(四川)에서 태어났으나 1년 후 영국으로 돌아와 옥스퍼드에서 거주했다. 옥스퍼드대학교에서 현대사를 전공한 파핏은 졸업 후 미국으로 건너가 하버드와 콜롬비아 대학교에서 장학금을 받으며 역사학 연구를 계속했다. 그러나 나중에는 역사학을 포기하고 옥스퍼드대학교로 돌아와 철학을 공부, 이후 평생 철학 연구에 전념했다.

파핏은 대부분의 시간을 철학 연구에 쏟으며 살았다. 그의 제자였던 한 학생은 파핏이 한 손으로 양치질을 하면서도 다른 손에는 칸트의 책을 들고 읽었고, 집 안 곳곳에는 언제든지 읽을 수 있도록 책이 펼쳐져 있었다고 회고한다. 파핏은 피트니스 룸에서 숨을 헐떡이며 스핀바이크를 타는 와중에도 앞에는 철학 논문을 펴놓고 읽었다.

그의 또 다른 취미는 사진 촬영으로, 매년 특정 시기가 되면 영국을 떠나 베네치아나 상트페테르부르크 등지로 가서 건축물 사진을 찍는 습관을 20년 넘게 유지했다. 그의 저서 표지는 대부분 그의 사진 작품이다.

소진
당신은 이미 지칠 대로 지쳤다

들뢰즈

혁명이 필요한 때

당신도 반복되는 하루하루가 지겹기만 한가? 따분함이나 지긋지긋함을 넘어 그 어떤 일도 당신의 감정을 전혀 건드리지 못하고 있다면, 당신은 지금 너무 지쳐 있는 것이다. 들뢰즈를 읽어야 할 때다.

이 글에서는 최고의 염세 상태인 '소진'에 대해 다룬다. 소진은 들뢰즈가 처음으로 제시한 중요한 철학 개념이다. 소진은 일찌감치 노화되어버린 세대를 설명하는 핵심 키워드이기도 하다. 이에 대해 들뢰즈가 제시하는 처방은 '규율을 와해시키는 혁신'이다. 소진 상태에서는 스스로를 사지에 몰아넣는 것이 오히려 생존 논리에 부합하는 유일한 탈출구가 되기 때문이다.

알람이 울린다. 알람을 끈다. 세수를 하고 이를 닦는다. 옷을 갈아입고 현관문을 나서는데 벌써부터 피로가 몰려든다. 이 것은 단순한 피로가 아니다. 영혼 깊은 곳까지 고갈된 듯한, 공허한 느낌.

조식을 파는 패스트푸드점에는 오믈렛부터 여러 종류의 롤과 샌드위치, 버거 등 다양한 메뉴가 있다. 매일 보는 익숙한 메뉴판. 하나를 골라서 다 먹고 차에 몸을 싣는다. 7시에 집을 나와 A도로에 들어서면 차가 막히지 않고, 7시 반에 나와 B도로를 타면 2분 정도 늦는다. 이런 때는 C도로로 가야 정시에 회사에 도착할 수 있다.

선택지는 분명 다양하다. 그러나 예측 가능한, 빤한 선택지들. 매일 똑같이 마주하는 출근길의 난제, 선택을 바꾼다 한들 괴로움도 똑같고 지겨움도 똑같다. 퇴근이라는, 하루 중 가장 기쁜 소식이 그나마 내일도 똑같은 전투를 계속 할 수 있게 해주는 원동력이다. 퇴근 후의 생활도 매일 비슷하다.

거리를 걷다가 식당으로 들어가거나 그냥 집에 가거나. 어느 쪽을 택하든 피로와 공허가 가시지 않기는 마찬가지다.

이런 생활은 마치 갖고 놀기 지겨워졌는데 손에서 선뜻 놓을 수도 없는 전동 장난감 같다. 미리 정해져 있는 이런 선택지 안에서 무얼 어떻게 해야 좋을까? 오늘은 이것을, 내일은 저것을 고르면 될까? 선택의 결과가 조금씩 다르더라도 선택지 자체가 그대로인 한 삶에 근본적인 변화가 일어났다고 할 수는 없다.

삶이란 정해진 선택지 안에서 조금씩 다른 선택을 하는 게 다인가? 왜 어떤 피로는 실현 가능한 뭔가가 희미하게 깜빡이는 듯 느껴지고, 어떤 피로는 미약한 가능성이나 잠재력조차 실현할 수 없을 것 같은 고갈로 느껴질까?

삶이란 아무런 새로움 없이, 어제의 기운을 또다시 끌어다 쓰기만을 반복하는 느낌이다. 이런 삶이 안정적이라고 말할 수 있을지도 모르지만 기대라든가 설렘, 기쁨, 놀라움 등은 전혀 찾을 수 없다. 일말의 예외성, 불가측성, 신선함이 모두 메말라버린 이런 삶은 마치 하나의 도식처럼 창백하게 정제돼 있다.

피로보다 깊은, 소진

소진 혹은 고갈로 번역할 수 있는 'exhausted'는 들뢰즈가 제시한 철학 개념으로, 실현의 고갈만이 아니라 잠재성 및 가능성까지 고갈된 상태를 의미한다. 노벨 문학상을 수상한 극작가 사무엘 베케트(Samuel Beckett, 1906~1989)의 TV 단편극에서 영감을 받은 개념이기도 하다.

매우 전위적인 이 부조리극의 제목은 〈쿼드(Quad)〉. 폐쇄된 공간 속 네 귀퉁이에 각각 한 명씩 서 있는 댄서들은 극이 끝날 때까지 한 마디도 하지 않는다. 폐쇄된 공간이란 예측 불가능성이 최대한 배제돼 있음을 의미한다. 각각의 귀퉁이에서 발생하는 일은 무엇 하나 새로울 것도 특별할 것도 없다. 네 귀퉁이의 댄서들은 입고 있는 옷도, 키와 생김새도 비슷하다. 말랐거나 뚱뚱한 사람도 없고 성별의 특징마저 분간하기 어려운 데다 얼굴은 아예 보이지 않는다.

네 명의 댄서는 독무를 추기도 하고, 두세 명이 함께 춤추기도 하며, 모든 댄서가 다 같이 모였다가 뿔뿔이 흩어지기도 한다. 그러다 다시 2인무, 3인무, 독무를 추고, 다 모였다가 또 흩어진다. 베케트는 이 단편극을 '공간에 대한 소진'이라고 말했다. 극 안에서 공간은 댄서들의 배열과 조합, 규칙의 변화만으로 그 공간의 모든 가능성을 소진시킨다. 그 공간 안에서 실현한 현실만이 아니라 실현할 수도 있었던 잠재적 가능성까지 모두 소진시키는 것이다. 소진이 무서운 건 우리의 현실뿐 아니라 꿈이나 기회 같은 잠재적 가능성까지 고갈시키기 때문이다.

소진은 피로보다 훨씬 무겁고 심각한 것이다. 소진과 피로는 어떻게 다른가? 들뢰즈는 우리가 지쳤다, 피곤하다고 느낄 때의 감각은 아직 뭔가 더 할 수는 있는 상태라고 말한다. 어떤 잠재적 가능성을 창조할 수 있지만 단지 지금 당장은 그렇게 할 힘이 없는 상태로, 새로운 계획의 실현을 희망해볼 수는 있는 단계다.

즉 피로 상태에서 고갈된 것은 실현 자체일 뿐이다. 당장은 지쳐서 실현할 힘이 없지만, 실현 자체는 가능하다. 비유하자면, 실현하는 데 며칠이 걸리는 계획이 머릿속에 가득한데 단지 체력이 다해서 그 계획을 실현하는 일에 착수만 할 수 없는 상태다.

피로 상태에서 고갈된 것은 당장의 실현으로, '가능성'은 아직 고갈되지 않았다. 계획은 여전히 존재하며, 그 계획은 새로 뭔가가 보태지거나 바뀔 수도 있다.

반면 소진은 단순히 실현의 고갈만이 아니라 가능성으로서의 새로움, 신선한 발상, 의외의 사건·사물이 전부 말라 없어지는 것이다. 즉 전에 익히 가지고 놀던, 낡은, 옛날 것들밖에 끄집어내지 못하는 상태다. "늙은 개는 새로운 놀이를 할 줄 모른다"는 말이 가리키는 것도 바로 이런 의미다. 꼭 늙어야만 이런 상태를 맞닥뜨리는 것도 아니다. 완벽하게 통제된 극도로 안정된 삶도 소진을 부추긴다.

소진된 사람은 특정 시간과 특정 공간에서, 특정 규칙에 따라 특정 동작으로만 움직이도록 설계된 기계와 비슷하다. 혹은 공간 자체도, 보이는 풍경도, 어울릴 대상도, 그 자신이 할 수 있는 행동도 한정돼 있는 작은 어항 속의 물고기 같다고도 할 수 있다.

소진과 안정 사이

사실 소진과 안정은 종이 한 장 차이다. 그런데 왜 사람들은 안정은 그토록 추구하면서 소진은 두려워하는 걸까? 안정과 소진은 도대체 어떻게 다른가?

사람은 참으로 모순적인 존재다. 고요 속에 있으면 움직임을 찾고, 움직임 속에 있으면 고요를 찾는다. 영원히 만족할 줄 모른다. 우리는 모두 변화나 통제 불가능한 상황을 두려워한다. 그래서 익숙하고 편안한 자리에서 최대한 느긋하게 있고 싶어 한다. 익숙하고 편안한 영역에서 벗어나는 순간, 그전까지 갖고 있던 모든 것을 잃어버리기라도 할 것처럼.

그러면서도 동시에 지금보다 더 나아지고 행복해지고 유명해지고 부유해지고 싶어 한다. 이러한 추구는 사실 자아실현의 충동이기도 하다. 인간은 결코 고정된 테두리 안에만 있으면서 만족할 수 있는 존재가 아니다. 인간은 이성으로 계획을 세우지만 위험, 실패, 상실은 두려워한다. 이러한 양극단 사이에서 세상살이의 온갖 번뇌가 생겨난다. 안정적인 관계를 갈망했던 사람도 관계가 너무 안정됐다 싶으면 자극을 추구하고, 안정적인 수입을 원했던 사람도 일이 안정적이다 못해 기계적으로 반복되면 다 부수고 탈출하고 싶어 한다.

안정 아니면 소진이다. 안정이 극에 달하면 소진이 된다. 극도로 안정적인 상태에서는 새로움을 추구하는 욕망까지 사라져버리기 때문이다. 삶에서 마주치는 모든 선택지는 어떻게 배열하고 조합하더라도 새로운 의미를 만들어내지 못한다. A를 고를까 B를 고를까, 거리를 걸을까 집에 있을까. 어느 쪽을 선택해도 근본적으로는 큰 차이가 없다.

아무것도 남아 있지 않다

들뢰즈는 베케트가 〈쿼드〉에서 표현한 공간의 소진으로부터 잠재력을 고갈시키는 네 가지 방식에 대해 이야기한다. 바로 공간의 소진, 시간의 소진, 화면의 소진, 언어의 소진이다. 이러한 소진 끝에 다다르는 것은 결국 의미의 고갈이다. 공간, 시간, 화면, 언어는 모두 의미의 매개체이기 때문이다.

소진은 프랑스어에서(영어도 그렇지만) 고갈과 같은 단어로, 남은 것이 하나도 없다는 의미다. 공간의 소진이란 각기 다른 사물이 각기 다른 위치를 점유하거나, 그 안에서 각기 다른 사건이 펼쳐질 수 있다는 의미다. 가령 커피 잔이 테이블의 어떤 위치에 있느냐, 찬장 속의 어떤 위치에 있느냐에 따라 다른 의미가 생겨난다. 현관에 없던 신발이 새로 등장했다면 밖에서 사람이 들어와 집 안에 있다는 뜻이고, 현관에 없던 실내 슬리퍼가 새로 등장했다면 집에 있던 사람이 외출을 했다는 의미다. 공간이 소진됐다는 건 공간 내 모든 위치에서의 점유 형태가 모두 표현됐다는 의미다. 이제 남은 것은 일련의 배열, 조합뿐이다. 커피 잔이 싱크대에, 식탁에, 책상에, 찬장에 놓여 있으면 각기 다른 네 가지 활동, 즉 식후, 식사, 독서, 외출을 의미하는 것이 된다.

시간의 소진도 마찬가지다. 각각의 시간대마다 각기 다른 동작 혹은 사건이 있을 수 있고, 각각의 다른 사건은 각기 다른 의미를 만들어낸다. 시간이 소진됐다는 건 각각의 시간에 나타날 수 있는 각기 다른 활동의 선택지가 모두 표현됐다는 의미다. 밤 11시에서 아침 7시까지 잠을 잔다, 아침 7시부터 8시까지는 출근 준비를 한다, 출근을 한다, 상사에게 혼난다, 직원들 눈빛이 싸늘하다, 동료들이 서로 마음에도 없는 안부를 묻는다, 커피를 마신다, 점심을 먹는다, 꾸벅꾸벅 존다, 따분하기 그지없다, 기분 전환이 필요하다, 이건 조금 재밌다, 기운이 나는 것 같다, 퇴근 준비를 한다, 퇴근 전인데 벌써부터 기분이 좋다, 드디어 회사 문을 나서니 홀가분하다, 그런데 갑자기 공허감이 밀려든다……. 각각의 시간대의 각기 다른 활동은 각각의 의미를 만들어낸다. 이미 끝난 활동을 회고하고, 진행 중인 활동을 인내하고, 시작되지 않은 활동을 기대하고, 곧 다가올 활동을 두려워한다. 시간성의 내부에서 만들어지는 의미는 이렇게 모두 소진됐다. 남은 것은 일련의 조합, 배열뿐이다. 시간 내부의 의미를 이렇게 저렇게 조합해봐도 더 이상 새로운 의미는 생겨나지 않는다.

화면과 언어도 마찬가지다. 어떤 화면을 어떤 의미와 연결하든, 어떤 언어가 어떤 의미를 표현하든 네 가지 방식에 의해 의미가 모두 고갈되고 나면, 어떤 선택지든 이제부터는 근본적으로 별 차이가 없다. 어느 한 가지 의미가 다른 의미보다 더 중요한 것도 아니다. 선택지들 간의 차이는 사실상 거의 없다. 밤새 놀든 밤새 야근을 하든 근본적으로 차이가 없다. 화려한 만찬을 즐기든 라면을 끓여 먹든 근본적으로 차이가 없다. 구두를 신고 외출하든 슬리퍼를 신고 외출하든 근본적으로는 아무런 차이가 없다.

소진은 결국 의미의 상실이며, 남은 것은 이제 끝없는 무신경, 끝없는 복제, 끝없는 무감각이다.

스스로 죽음을 택하거나 삶에 혁명을 일으키거나

들뢰즈는 소진의 핵심 문제가 의미를 만들어낼 수 있는 모든 면면을 규칙으로 100% 통제하려는 경향에 있다고 생각했다. 이로써 모든 가능성은 일련의 규율과 규칙에 의해 고갈되고, 해석되고, 평가돼버리기 때문이다. 그 결과 가능성은 단지 확률의 문제(probability)로만 남을 뿐 진정한 계기성(possibility)은 존재하지 않게 된다.

계기의 소진, 의미의 소진에 대항하기 위해서는 모든 것을 통제하려고만 드는 일련의 규칙을 반드시 뒤집어야 한다. 규칙을 뒤집는 방법의 극단은 혁명이다. 여기서 말하는 혁명은 정치적 의미의 혁명만을 가리키지 않는다. 그보다는 규율을 와해시키는 혁신의 의미에 더 가깝다. 그러한 혁명 혹은 혁신은 특정 선택지나 특정 활동만을 타깃으로 하지 않으므로 혁신은 습관을 바꾸는 차원에만 머무르지 않는다.

혁명의 대상은 규율이 비롯되는 시스템이다. 사회적 의미든 생활면에서의 의미든, 규율이 일단 닫힌 구조로 형성되면 하나의 유한한 선택지, 유한한 가능성의 시스템으로 변해버리고 만다.

혁명으로 소진에 대항할 수 있는 이유는 원래의 배열, 조합, 심지어 모든 선택지를 배치하는 시스템을 뒤집음으로써 의미의 레퍼런스를 부수고, 본래 규정돼 있던 시간, 공간, 화면, 언어로부터 의미를 해방시키기 때문이다. 그러한 바탕 위에서라야 비로소 새로운 사건이 출현할 수 있다. 새로운 해석이 가능해졌기 때문이다.

그리하여 어떤 이들은 결연히 사표를 쓰게 될지도 모른다.

눈앞의 업무가 자기 삶의 모든 선택지를 구성해버렸기 때문이다. 어떤 이들은 산중 은거를 택할지도 모른다. 일견 화려해 보이는 세상의 음험한 잠재규칙(눈에 보이지 않는 잠재된 규칙으로, 공식 규정이 아닌 암묵적 관행을 가리킨다-옮긴이)이 모든 선택의 가능성을 고갈시켜버렸기 때문이다.

어떤 이들은 친하다고 믿었던 친구와의 관계를 끊기로 마음먹을 수 있다. 그 친구와의 관계가 자기 삶에서 가장 중요한 가치를 견제하고 있음을 깨달았기 때문이다. 이 모든 것은 개인 차원에서의 혁명이다. 생활의 본래 질서를 뒤집고, 이러한 질서의 토대와 근원을 부수는, 나아가 새로운 질서를 창조하는 혁명이다.

이로써 소진은 "죽을 곳에 다다른 뒤에야 비로소 살 수 있게 되는" 역설적 경지가 될 수 있다. 인간은 태생적으로 완벽하게 규정된, 지나치게 설정돼 있는 삶을 견디지 못한다. 살아있는 사람은 결코 기계처럼 살 수 없다. 그러므로 삶에 아무 의미도 남지 않은 막다른 골목에 부딪혔을 때 남아 있는 선택지는 사실상 두 가지다. 생활을 뒤집는 혁명을 하거나, 좀 더 절망적인 사람이라면 삶을 끝내기로 하거나. 들뢰즈가 제시하는 처방은 규율을 와해시키는 혁신이다.

소진이 우리 삶에 드러내는 것은 실존적 극단 상태일지 모른다. 그러나 그러한 극단 상태에 이르러서야 우리는 비로소 삶에서 추구했던 것이 단순한 안일이 아니라 샘물처럼 용솟음치는 활기와 창조였음을 깨닫게 되는 것이다.

쑨요우룽

질 들뢰즈   **Gilles Deleuze, 1925~1995**

프랑스 철학자. 초기에는 미셸 푸코(Michel Foucault, 1926~1984)의 철학에 대한 탁월한 해석으로 이름을 날리는 등 다른 학자들의 철학을 해석하는 작업에 몰두했다. 들뢰즈는 다른 철학자들의 사상을 평설하는 동시에 자신만의 사상체계도 발전시켜나갔다. 탐구욕으로 충만한 그의 저작 중엔 영화에 대한 철학적 평론도 큰 부분을 차지한다.

CHAPTER 2

퇴근길의 사색
동양철학

용기
진정한 용자는 누구인가

손자

병법으로 보는 지도자의 용기

우리는 막연히 용기가 미덕이라고 생각하지만 필부의 용기(지혜가 부족하고 무모하기만 한 성급한 용기-옮긴이)에 대해서는 부정적 평가를 내린다. 그렇다면 진정한 용기라는 것이 따로 존재한단 말인가?

이 글에서는 우리가 추구해야 할 진정한 용기란 무엇인가에 대해 자세히 분석한다. 손자가 말하는 용기의 '용(勇)'에는 '과단성'이라는 의미가 내포돼 있으며, 이성적 용기를 따르는 것이야말로 진정한 용기의 관건이라고 말한다. 이런 용기는 기업의 최고경영자와 중간관리자가 의사결정을 할 때 꼭 필요한 것이기도 하다.

다들 귀가한 어느 늦은 밤, 퇴근 준비를 하던 루이쉐는 친구 메이푸가 야근을 해야 한다는 사실을 알게 됐다. 그녀는 커피 두 잔을 가져가서 메이푸에게 한 잔 건넸다. 커피를 받아들고 이런저런 얘기를 하던 메이푸는 사장에 대한 불만을 늘어놓기 시작했다.

"정말 이해가 안 돼! 분명 여러 부서에서 해결 방안이 담긴 보고서를 수도 없이 올렸는데 왜 결정을 못 내리는 거지?"

루이쉐는 피로에 찌든 친구의 눈을 보며 물었다.

"요새 야근은 왜 그렇게 자주 하는 거야?"

메이푸는 한숨을 푹 내쉬며 말했다.

"회의 때문에! 요즘 거의 매일 오후 내내 회의를 한다니까. 심지어 똑같은 안건을 가지고 여러 날 똑같은 회의를 할 때도 있어. 그런데 회의할 때마다 결정을 못 내리고, 했던 얘기를 또 하고 있다니까. 이건 직원 학대 아니니? 꼭 스스로 결정을 못 내리고, 누가 '이건 100% 확실한 대안'이라고 하면서 사실상 결론을 떠먹여줘야 회의가 끝나."

"오늘은 그 100% 확실한 대안이 나온 거야?"

메이푸는 그 말을 듣자마자 도저히 참을 수 없다는 표정을 지으며 말했다.

"바로 그게 문제야! 세상에 100% 안전하고 확실한 대안이 어디 있니? 그런데 누가 리스크를 지적하면 책상을 치면서 버럭 소리를 질러. '사장은 나야! 결정할 권리는 사장한테 있는 거야!' 하면서 말이야. 그럼 누가 무슨 말을 할 수 있겠니. 결국 그렇게 결정했다가 문제가 생기면 그때는 또 우리 탓을 해."

《손자병법》에서 말하는 리더의 용기

생존은 본래 경쟁이다. 지금 당신이 어디에 있든, 그곳이 학교든 직장이든 마찬가지다. 이는 산다는 것 자체가 전쟁이며, 삶의 터전이 곧 전쟁터라는 말과 같다. 전쟁터란 무엇인가? 사람이 사람을 물어뜯고, 개가 개와 서로 다투는 자리다. 전쟁터 혹은 경쟁터에서는 단 두 종류의 결과만 남는다. 승리 아니면 패배. 이런 결론이 반드시 진리는 아닐지 몰라도, 원하든 원하지 않든 받아들일 수밖에 없는 현실이다.

병법은 곧 생존의 지혜다. 전쟁터에서는 무수한 목숨이 사라지고, 가정은 파괴되어 고아와 과부가 뿔뿔이 흩어진다. 병법은 이러한 현실에서 얻어낸 생존의 지혜다.

직장도 일종의 전쟁터다. 그렇다면 고대의 병법은 현대의 직장에서도 생존의 지혜가 될 수 있지 않을까. 가장 대표적인 고전 병법서 《손자병법》을 보자.

《손자병법》은 출발선에 섰을 때부터 승리하는 법을 가르치지 않는다. 《손자병법》은 어떻게 해야 마지막에 승리를 거둘 수 있는지를 말하는 책이다. 출발선에서 이겼더라도 마지막에 가서 진다면, 출발선에서 거둔 승리는 세상의 비웃음거리가 될 뿐이다. 모든 전쟁의 역사는 마지막에 가서 웃는 자가 진정한 승자라고 말한다.

전쟁에는 승리와 패배라는 결과가 존재한다. '승패병가지상사(勝敗兵家之常事)'는 병법을 알고 싸울 줄 아는 사람이 세상에는 당신 말고도 아주 많다는 뜻이기도 하다. 전쟁은 지혜의 대결이다. 누가 더 멀리 보고 치밀하게 전략을 세우느냐에 따라 승패는 얼마든지 뒤집어진다. 그러나 전쟁에서 승리의 관건이 되는 건 지혜 하나만이 아니다. 또 한 가지 중요한 것은 바로 용기다.

손자는 "장수는 지혜, 신뢰, 인애, 용기, 엄격함을 갖추고 있어야 한다"고 말했다. 훌륭한 장수가 갖춰야 할 다섯 가지 자질 중 손자는 지혜를 으뜸으로 꼽았다는 것을 알 수 있다. 전쟁은 곧 지략의 대결이며, 지혜 없이 수행할 수 없다는 의미이기도 하다. 그렇다면 용기는 이러한 지혜의 대결에서 어떤 역할을 하는 것일까?

역대 주석가들은 손자가 말한 용기를 다음과 같이 풀이했다.

"용기란 머뭇거림 없이 세를 타고 승리를 거두는 것이다."

두목(杜牧)

"용기만 믿고 힘을 쓰는 것은 난폭함이다."

가림(賈林)

"용기란 과감히 결단하는 능력이다."

매요신(梅堯臣)

"용기란 두려움 없이 의를 따르고, 과감하며, 의연한 것이다."

왕석(王晳)

"용기 없이는 전쟁도 책략도 결단할 수 없다."

하씨(何氏)

"용기란 두려워하지 않는 것이다."[1]

장예(張豫)

용기에 대한 주석을 통해 우리는 두려워하지 않는 것 못지않게 과단성이 중요하다는 점을 알 수 있다. 과단성이 없으면 어떤 계획과 지략도 구체적인 결정으로 이어지지 못한다. 손자가 보기에, 장수 혹은 지도자란 온갖 책략과 논쟁 사이에서 어떤 결단도 내리지 않은 채 가만히 있어선 안 되는 존재다.

어떤 일에 착수한다는 것은 실행의 한 부분에 불과하다. 실행의 또 다른 의미는 솔선수범이다. 지도자가 모범을 보일 때 그 행동이 조직 내에서 준칙으로 자리 잡고, 장수가 먼저 모범을 보여야만 병사들도 충심을 다해 장수를 따른다.

오늘날 많은 조직에서 지모만 있을 뿐 용기는 없는 최고경영자나 중간관리자를 흔히 볼 수 있다. 이런 지도자는 긴 회의 시간 내내 온갖 제안이 나오는데도 최종 결정을 내리는 과단성이 없다. 이런 조직을 채우고 있는 것은 "100% 확실하지 않으면 결과를 감당할 수 없다"는 궁색한 변명뿐이다. 그러나 이 세상에 100% 확실한 결과를 보장하는 안전한 결정이 어디 있단 말인가?

〈신삼국연의〉라는 중국 드라마에서도 원소는 승산이 확실할 때만 출병을 결정하는 어리석은 지도자의 전형적인 모습을 보인다. 그러나 기회란 바로 그때 잡지 않으면 빠르게 지나가버리므로 즉각적인 결정으로 세를 타고 공격해야 한다.

원소처럼 확실한 결과가 보장될 때만 실행을 결정하는 지도자는 신중한 것이 아니다. 우유부단하고 어리석은 것일 뿐이다. 오늘날의 조직에서도 과단성 없는 지도자는 자리에서 물러나야 마땅하다.

한 번 죽은 자는 다시 살아 돌아올 수 없다

용기 없이 지모만 있어도 안 되겠지만, 지모 없이 용기만 있는 것에도 손자는 반대했다. 그것이 걸핏하면 들이받고 싸우기 좋아하는 필부의 용기라면 더더욱. 감정에만 휘둘리는 용기는 어리석음일 뿐이다. 여기서 말하는 감정은 내재적 감정과 외재적 감정으로 나눌 수 있다. 내재적 감정이란 우리 마음속 감정을 가리키고, 외재적 감정이란 주변의 분위기를 가리킨다. 이 둘은 서로 긴밀하게 영향을 미친다.

손자는 말한다.

"노여움은 기쁨으로 바뀔 수 있고, 분노는 즐거움으로 바뀔 수 있다. 그러나 한 번 멸망한 나라는 다시 세울 수 없고, 한 번 죽은 자는 다시 살아 돌아올 수 없다."

이 말은 감정이 모든 것을 지배하도록 두어서는 안 되며,

이성적 지혜가 우리의 평소 행동을 이끌어야 한다는 사실을 일깨운다. 이러한 사실은 모두가 알고 있지만, 안타깝게도 모두가 그렇게 살고 있지는 않다. 당장 우리의 직장만 봐도 용기는 없고 지모만 있는 경영자가 시한이 코앞에 닥쳐서야 황급히 결정해버리는 일이 허다하다. 이 역시 일종의 필부의 용기로, 외재적 감정의 영향을 받은 부실한 의사결정이다.

그런 의미에서 병법(兵法)은 곧 심법(心法)이다. 우리는 병법을 배우고 실천함으로써 내면의 감정을 단련하고, 위기 앞에서도 두려움이나 혼란에 빠지지 않을 수 있는 흔들림 없는 나침반을 내면에 소유하게 되는 것이다.

역사 속에도 감정이 이성을 압도하는 의사결정 때문에 실패한 장수와 군주의 사례가 적지 않다. 냉정한 사고를 거치지 않은 용기는 조직 전체를 집단 자살로 이끄는 결과를 초래하기 쉽다. 그러한 자가 장수라면 군대 전체를 집단 자살로 이끌고, 군주라면 백성 전체를 집단 자살로 몰고 가며, 경영자라면 직원 전체를 집단 자살 상태에 빠뜨린다.

경솔한 의사결정이나 필부의 용기로 행동하는 데 익숙한 지도자들을 살펴보면, 일찌감치 평상심을 잃고 현상을 냉정하게 판단하지 못하는 상태였음을 알 수 있다. 사람은 평상심을 잃으면 혼란스러운 사태를 수습하지 못한다. 여기서 말하는 평상심이 곧 내면의 나침반으로, 안개로 자욱한 전쟁터에서도 올바른 방향을 찾는 장수의 능력과 같은 것이다. 그러므로《손자병법》의 맥락에 따르면, 평상심을 소유한 지도자야말로 진실한 용기를 가진 지도자다.

형(形)과 세(勢)

잠시 '형'과 '세'에 대해 알아보자. 이 둘은 손자가 말하는 용기를 이해하는 데 매우 중요한 개념이기 때문이다.

손자는 "용기와 두려움은 군대의 기세에 달려 있다"고 했다. 군대의 용기와 두려움은 전투의 형세에 따라 달라지며, 그 형세는 사람이 만들어낼 수 있다는 뜻이다.《손자병법》에서는 형과 세를 서로 다른 개념으로 설명하지만, 둘의 연관성은 대단히 높다.

형은 전쟁 중의 객관적인 조건과 조직 내의 제반 요소를 가리킨다. 전략의 좋고 나쁨, 무기의 우수성, 병사의 훈련 수준 등이 모두 형을 이루는 요소다. 이러한 승리의 형은 통상 승리의 세로 이어진다. 세란 전쟁 중의 변화를 만들어내기에 좋은 요소로, 병사들의 사기, 지휘의 유연성 등이 모두 세를

만들어내는 요소에 속한다.[2]

그렇다면 승리의 형은 어떻게 해서 승리의 세로 이어지는가? 방금 말한 형과 세의 특성을 참고해보면, 형은 우리 자신이 갖춘 실력, 보유한 자원, 경영 방침과 제도 등을 의미한다. 또한 세는 그 방침에 따라 진행하는 자원 배분 및 관련 활동이라고 할 수 있다.

생산 조직이라면 잘 완비된 제도와 충분한 도구, 우수한 인력, 추진 가능한 전략 등이 있어야 순조로운 생산으로 우수한 실적을 낼 수 있다. 여기서 우수한 실적과 그 실적을 만들어내기 위한 순조로운 생산 활동이 세에 해당한다. 생산 활동과 실적이라는 결과는 모두 조직 내의 하드웨어, 즉 객관적 조건에서 비롯된다. 그러므로 조직의 객관적 조건이 얼마나 완비돼 있느냐가 승리의 형인 것이다. 아울러 경영자의 의사결정 내용과 태도도 직원들의 사기에 큰 영향을 미친다.

상급자의 용기와 하급자의 용기

《손자병법》에서 말하는 사병의 용기는 오늘날 직장에서는 하급자의 용기에 해당한다. 하급자의 용기는 지도자의 용기에 비하면 언급할 만한 부분이 크지 않다. 그렇다고 손자가 사병에겐 용기가 필요 없다고 생각했다는 뜻이 아니다. 양쪽 다 칼을 들고 휘둘러야 하는데 어떻게 한쪽은 용기가 필요 없을 수 있겠는가? 다만 사병의 용기는 장수에게 달려 있다고 봤다. 오늘날의 직장에 대입해보면, 직원이 어떤 용기를 얼마나 갖출 수 있는지는 전적으로 사장의 책임이라는 뜻이다.

《손자병법》이 말하는 세는 조직의 사기라고 할 수 있다. 이 세상에는 크게 두 종류의 사장이 있다. 사무실에 들어서자마자 분위기를 싸늘하게 만드는 사장과, 모든 직원들로 하여금 옷소매를 걷어붙이고 의욕적으로 일하게 만드는 사장.

세상의 지도자에도 크게 두 종류가 있다. 사람들 뒤에서 명령만 내릴 뿐 아무런 책임도 지지 않는 지도자와, 앞장서서 사람들을 이끌며 위기와 곤경을 성공적으로 극복하는 지도자.

소위 악덕 사장으로도 불리는 전자의 특징은 한 번 말을 하기 시작하면 멈추지 않고, 자신의 이익이 언제나 회사의 이익에 앞서 있다는 점이다. 이들은 회의를 시작하면 주요 안건을 제쳐두면서까지 자기 자랑에 여념이 없지만, 문제가 발생하면 직원들의 무능에 대해 책임을 지는 것이 아니라 자신의 잘못을 떠넘길 희생양을 찾기에만 바쁘다. 안타깝게도 이런 사장에게는 용기랄 만한 것이 하나도 없다.

《손자병법》에서 강조하는 용기 있는 장수란, 눈앞에서 태산이 무너져도 의연한 기백을 소유하고 있을 뿐 아니라 조직 안에서는 앞에 서서 모범을 보이고 직원들 뒤에서는 든든한 방패가 돼주는 존재라고 할 수 있다. 일을 할 때는 구성원들을 적극적으로 독려하며 이끌고, 문제가 생겼을 때는 모든 책임을 자신의 어깨에 올려놓을 줄 아는 자가 진정한 지도자다. 진정으로 용기 있는 장수만이 사병의 용기를 이끌어내고 북돋울 수 있으며, 전체 조직의 사기라 할 수 있는 세를 끌어올릴 수 있다.

악덕 사장은 사무실에 들어서기만 해도 조직 전체의 분위기가 일순간에 와해돼버리는 것을 심심찮게 볼 수 있다. 그러므로 진정한 지도자라면 실질적으로 일을 진행하고 과감하게 의사결정을 내릴 뿐 아니라, 조직 내에 건강하고 생산적인 분위기를 만들어야 한다. 직원들이 의욕적으로 자신의 일에 매진하도록 사기를 불러일으킬 수 있어야 한다.

기업의 최고지도자라면 산학협력이라든가 '현장에서 쓸모 있는 교육'만 외치기보다 직원들이 자아성장을 도모할 수 있는 교육과 훈련 프로그램에 관심을 기울여야 한다. 직원 교육과 훈련은 각 학교에만 맡겨두기보다 현장인 회사 안에서 직접 진행하는 것이 좋다. 사내에 얼마나 좋은 교육제도가 있는

가는 전적으로 사장의 책임이다. 학교를 갓 졸업한 직원이 입사하자마자 최대치의 능력을 발휘해주기만 고대하고 있다면, 그 회사에는 객관적 조건에 해당하는 형이 충분히 갖추어져 있지 않다는 의미다.

이런 경우에는 그 직원이 상당한 용기를 갖춰야 하는 수밖에 없다. 사장의 구박이나 실패를 두려워하지 않고 과감하게 제안하고 실행한다면 최대치의 능력을 발휘할 수 있다. 이때 사장은 뒤에서 든든한 방패가 돼줘야 한다. 그래야 직원들이 과감한 도전을 통해 성공하고 또 실패하면서 경험을 쌓아나가는 자아성장이 가능해진다.

《손자병법》에서 말하는 용기를 통해 우리는 한 가지 중요한 결론을 얻을 수 있다. 자신을 희생하는 각오로 조직의 방패가 돼주는 지도자가 있어야만, 구성원들도 지도자와 함께 전쟁터로 달려 나가 쏟아지는 총알을 막아내고자 한다는 것이다.

정말로 두려워해야 할 일은 혹 잘못됐을 수도 있는 의사결정이나 실패의 가능성이 아니라 아무런 용기도 책임감도 없는 자가 의사결정권자의 자리에 앉아 있는 그 자체다. 의사결정은 전체 생산 활동에서 가장 중요한 요소 중 하나다. 공허하게 말만 많은 게 아니라 과감하게 결단하는 담력과 식견을 갖춘 지도자야말로 조직의 핵심 관건이다.

뤄천쉐(洛沈雪)

손자 孫子, 기원전 545?~470?

손자의 생애는 TV 드라마로 인해 왜곡된 부분이 많지만, 사마천의 《사기》에 기록된 것 이상으로는 알려진 바가 거의 없다.

손자의 가장 큰 업적은 병법사상의 신기원을 연 것이다. 춘추시대의 전쟁은 쌍방이 진열을 정비한 뒤에 개전했기 때문에 군자의 전쟁으로 평가받는다. 반면, 손자가 살았던 시대에는 승리를 위해서라면 사기, 협잡도 불사하는 등 수단과 방법을 가리지 않았다. 싸우지 않고도 이기는 법을 추구하는 《손자병법》은 후대의 전쟁사상에도 지대한 영향을 미쳤다.

짜증
일이 너무 많아 집중이 안 될 때

순자
___

허일이정이라는 내공 쌓기

산더미처럼 쌓인 보고서는 영영 결재가 나지 않고, 도저히 끝나지 않는 업무가 해일처럼 덮쳐와 칼퇴근은 꿈도 꿀 수 없는 지경이 되면, 당신도 짜증이 폭발하는가? 가뜩이나 바쁜 업무가 끝도 없이 쌓여만 가는데, 어떻게 짜증이 안 날 수 있단 말인가?

순자는 이런 짜증의 심리에 대해 상당히 독특한 견해와 분석을 제시한다. 허일이정(虛—而靜). 마음을 최대한 넓게 열어젖힌 뒤 하나로 모아 다듬으면 짜증에서 벗어나 평정을 얻을 수 있다고 하는 마음 수련법이다.

추인은 휴게실에서 커피를 한 잔 내려 잔을 들고 한숨을 내쉬면서 커피를 한 모금 마셨다. 그런데 밀봉하는 것을 잊은 용기를 건드려 원두가 바닥에 쏟아지고 말았다. 저도 모르게 욕부터 튀어나오고 말았는데, 그 순간 웨이라이가 휴게실로 들어왔다. 웨이라이는 당황한 그녀를 다독이며 같이 바닥의 원두를 수습했다.

지난 며칠간 웨이라이의 눈에 비친 추인은 끊임없이 허둥대며 자잘한 말썽을 일으키고 있었다. 자주 화를 냈고 어딘지 모르게 초조해 보였다.

"요즘 정신을 어디에 팔고 다니니? 도민준 생각만 하는 거야?"

친하다고 생각했던 동기한테까지 타박을 듣자 추인은 기분이 상했다. 도민준은 요즘 그녀의 최대 관심 대상인 세 살 연하남으로, 거래업체의 예술감독이었다. 지난 몇 주간 두 사람은 자주 만나 식사도 하고 공연도 보러 다녔는데, 바로 어제 그가 자기 회사의 여자 상사와 부쩍 가깝게 지내더라는 소문을 들은 차였다. 퇴근 후 두 사람이 함께 귀가할 때도 많다고 했다. 심란해진 추인은 어제 뜬눈으로 밤을 새우다시피 했다. 이렇게 또 하나의 연애는 꽃을 피우기도 전에 시들고 마는가…….

추인은 고개를 저으며 말했다.

"그런 거 아냐. 사장이 지난주에 나더러 맥도날드 광고 기획안을 그 회사 여자 상사한테 전달하라고 했잖아? 그런데 그 여자가 이번 광고엔 외계 요소가 들어가는 게 좋겠다고 했거든. 도대체 햄버거랑 외계 요소를 어떻게 결합시키라는 거지?"

그러자 웨이라이가 말했다.

"그건 그래. 하지만 방법이 없잖아. 그 여자가 보스인데. 악마는 언더아머(Under Amor)를 입는다! 어쨌든 외계 프리스타일이어야 한다니, 궁리 잘해봐!"

"그게 다가 아냐! 연말에 제출해야 하는 검토안이랑 기획안 말이야, 어디서부터 어떻게 해야 할지 감이 하나도 안 잡혀. 어떡하지? 일주일밖에 안 남았는데!"

웨이라이는 커피 원두를 유리병에 담으며 말했다.

"걱정 마. 기획안 준비는 내가 도와줄게."

그때 추인이 경악하며 말했다.

"앗, 바닥에 떨어진 걸 다시 담으면 어떡해!"

웨이라이는 겸연쩍은 표정으로 유리병을 수납장에 넣고 밖으로 나가면서 말했다.

"괜찮아. 앞으로 한두 주 회사 커피 안 마시면 되지, 뭐. 맞다! 오늘은 저녁이나 같이 먹자. 너한테 말해줄 거 있어. 도민준 여동생이 도민준 회사에 같이 다니거든. 둘이 같이 퇴근할 때도 많다는데, 미래의 시누이에게 먼저 호감을 사보는 건 어때?"

"됐어. 안 그래도 그쪽에 기획안 전달하러 갈 일 있는데! 나도 오늘 저녁에 비밀 하나 얘기해줄게."

추인은 그렇게 말하고는 큰 소리로 다시 웨이라이를 불렀다.

"아, 잠깐! 그 여동생이라는 여자 말이야……."

고요한 마음, 어떻게 가질 수 있을까

직장에서의 짜증은 어느 한두 가지 업무 때문이 아니다. 한두 가지 업무 자체는 한시적 스트레스일 뿐이다. 여러 업무에 대한 스트레스가 쌓여가다 어느 날 짜증으로 폭발하는 것이다. 이중, 삼중의 걱정과 스트레스를 안은 상태에서는 이 일을 하면서도 저 일에 대해 생각하고, 저 일을 하면서도 이 일에 대해 생각하게 되니까.

잠시 학교 다니던 시절로 돌아가보자. 내일이 영어시험이라면, 오늘 하루를 전부 영어 공부에 할애하면 그만이다. 그런데 만약 내일 시험이 국어, 영어, 수학 세 과목이라면? 국어책을 읽으면서도 그 밑에는 영어책을 펴놓고, 영어 공부를 십분쯤 하다 보면 수학이 걱정돼서 수학책에 손을 뻗는다. 그러나 수학은 하루 공부한다고 점수가 잘 나올 수 있는 과목이 아니다. 그래서 다시 국어책을 편다. 이런 비효율적인 과정을 반복하다 보면 짜증과 혼란이 밀려들면서, 다 귀찮고 잠이나 자는 게 나을 것만 같다.

추인 역시 기획안, 검토안, 도민준이라는 삼중의 스트레스가 만들어내는 혼란과 짜증 때문에 어느 하나에도 온전히 집중하지 못했고, 결국은 감정의 소용돌이에 빠져 셋 중 어느 하나도 제대로 준비하지 못했다.

순자는 사람의 마음을 이렇게 묘사했다.

"사람의 마음은 쟁반의 물과 같다. 바르게 놓고 움직이지 않도록 하면 지저분하고 탁한 것은 아래로 내려가고, 맑고 밝은 것은 위에 고여 그 물에서 수염과 눈썹, 잔주름까지 보고 살필 수 있게 된다."

제아무리 탁한 흙탕물도 한쪽에 가만히 놓아두면 흙먼지가 가라앉으면서 맑은 물만 윗면에 고인다. 사람이 그 물을 내려다보면 바닥까지 투명하게 보이고, 수면에는 자신의 모습도 또렷하게 비친다. 그러나 바람 같은 외부의 힘이 개입되거나 당신이 쟁반을 흔들어대면, 가라앉아 있던 흙먼지가 떠올라 뒤섞이면서 물은 다시 혼탁해진다. 이때는 당신이 아무리 영화배우나 모델 같은 외모라도 수면에 비친 모습은 사람인지조차 알아보기 어렵다.

지금 추인의 마음이 이런 혼탁한 물과 같다. 그녀의 마음은 도민준의 동향에 곤두서 있는데 업무상으로는 이중의 과제도 완수해야 하기 때문이다. 흔들릴수록 혼탁해지는 물 같은 이런 상태로는 어느 한 가지도 제대로 하기 어렵다. 그녀는 지금 마음을 고요하게 멈출 방법이 없기 때문에 휴게실에서 웨이라이가 본 것 같은 정신없는 실수를 연발하고 있는 것이었다. 우리의 사무실에서도 추인과 같은 상태에 있는 이들을 흔하게 볼 수 있지 않던가.

그렇다면 대체 어떻게 해야 하는 것일까? 순자의 철학은 오늘도 휴게실에서 짜증과 혼란을 토로하고 있을 누군가에게 고요한 수면 같은 마음을 유지하는 가르침을 전한다. 마음의 고요를 유지할 수만 있다면, 당신도 직장에서 당신의 능력과 활력을 한껏 펼칠 수 있을 것이다!

성악설, 우리를 한없이 겸손하게 하는

순자라고 하면 "아, 그 맹자를 디스하고 성악설을 주장했던?" 하고 말할지도 모르겠다. 그렇다, 바로 그 순자다. 학창시절 교과서에서 볼 때마다 별로 호감이 안 갔던 인물, 순황(荀況). 그러나 순자는 마음을 수양하는 여러 비법을 전수한 유학자이기도 하다. 우리는 순자의 도움을 받아, DIY로 충분히 좋은 사람이 될 수 있다.

먼저 순자의 성악설에 대해 얘기할 필요가 있다. 성악설과 대비되는 맹자의 성선설에 대해서라면 어릴 때부터 귀에 딱지가 앉도록 들어봤을 것이다. 맹자는 말한다.

측은지심이 없으면 사람이라 할 수 없고, 수오지심이 없으면 사람이라 할 수 없으며, 사양지심이 없으면 사람이라 할 수 없고, 시비지심이 없으면 사람이라 할 수 없다. 측은지심은 '인'의 실마리이며, 수오지심은 '의'의 실마리, 사양지심은 '예'의 실마리, 시비지심은 '지'의 실마리다. 사람에게 이 네 가지 실마리, 즉 사단이 있음은 몸에 사지가 있는 것과 같다.

사람은 태어나면서부터 선(善)에 대한 의식과 근원을 갖추고 있으며, 공감 능력과 수치심, 예의와 사양, 옳고 그름을 판별하는 능력 등 네 가지 도덕적 요소를 갖추고 있다는 의미다. 이러한 네 가지 도덕적 요소를 갖추고 태어나는 것은 태어나면서부터 두 팔과 두 다리가 있는 것과 같다. 그래서 맹자는 사람의 마음속에 있는 이러한 선을 사단이라고 불렀다.

그러므로 우리가 곤경에 처하거나 중요한 선택을 할 때 우리 자신의 내면에서 충분히 답을 구할 수 있다. 구태여 외부에서 답을 찾으려 할 필요가 없다. 선량한 마음은 무한하며 선한 지혜는 무적이기 때문이다. 맹자의 말처럼 "나에게 있는 이 네 가지 실마리를 넓히고 채워나가면 불이 타오르고 샘이 솟아나듯 세상에도 널리 퍼뜨릴 수 있을 것이다. 그러나 그렇게 못한다면 제 부모를 모시기에도 부족할 것이다."

사람의 도덕심과 판단력은 불씨나 샘물과 같다. 우리 마음속에 있는 그 불씨에 불을 붙이고 샘에 물길을 트기만 하면, 얼마든지 좋은 사람이 될 수 있다. 이러한 도덕적 자각과 자신감은 물론 좋은 것이다. 그러나 이러한 사고방식에 젖어 내적 탐구나 자아성찰만 과도해지면, 자아의 판단이 늘 옳다고

만 느끼게 된다. "내 마음은 이것이 옳다고 말하고 있다. 그러므로 나는 이렇게 해야겠다. 다른 사람들 말이 틀린 것이다!"

이런 자주적 용기는 분명 미덕이다. 그러나 만에 하나, 지금 당신의 양심이 틀린 것이라면? 히틀러도 처음에는 자신이 도덕과 양심에 따라 판단한다고 여겼고, 인종청소는 어디까지나 더 나은 세계를 창조하기 위한 것이었을 뿐이다! 수많은 영화에 등장하는 매력적인 악당들조차 더 나은 미래를 위해서라며 살육을 일삼지 않던가.

도민준의 애매한 행동에 대해 끊임없이 생각하고 의미를 부여할수록 추인은 스스로를 감정의 그물에 가두게 될 뿐이었다. 햄버거 광고 기획안도 그렇다. 그녀는 사장의 아이디어가 틀렸다고 단정 짓고 있는데, 이것은 자신의 느낌이 옳다는 확신의 함정에 빠져 있는 것은 아닌가? 자신의 내적 역량을 과도하게 신뢰하는 것도 스스로를 정서적으로 막다른 골목에 밀어넣기 쉽다.

순자는 바로 이런 자기 맹신이야말로 위험한 것이라고 생각했다. 그래서 "사람의 본성에는 원래부터 예와 의가 갖추어져 있지 않다. 그러므로 부지런히 배워서 갖추어야 한다"고 주장한다. 우리는 태어나면서부터 도덕과 예의를 갖추고 있지 않으므로 부모와 스승에게서 배우고, 법의 통제와 교화가 있어야만 좋은 사람이 될 수 있다는 것이다.

대만의 중고등학교 교과서에도 순자의 〈권학〉 편이 실려 있다. 순자가 이토록 학습을 강조한 것은 인성의 악을 더 믿었기 때문이기도 하다. 인성이란 이토록 악하므로 사람은 겸손하고 또 겸손해야 하며, 자신의 내면을 전적으로 신뢰하지 말고, 외부에서 도움과 협조를 구해야 한다고 생각했던 것이다.

혼란을 인정해야 혼란에서 빠져나올 수 있다

순자는 사람이 선천적으로 도덕, 예의를 모른다고 생각했다. "내가 유일하게 알고 있는 것은 진리에 대해 아무것도 모르고 있다는 사실뿐"이라고 했던 소크라테스의 명언을 떠오르게 한다. 이것이 겸손이 아니라면 무엇이 겸손일까! 순자는 우리가 삶의 위대한 항로에서 곤경을 맞닥뜨릴 때 중요한 것은 우리의 마음이 '도'를 아는 것이라고 생각했다. 그렇다면 도는 어떻게 해야 알 수 있는가? 순자는 말한다.

사람은 무엇으로 도를 아는가? 마음으로 안다. 마음으로 어떻게 도를 아는가? 텅 비움, 하나로 모음, 고요함으로 안다.

여기서 말하는 '도를 아는 것'이란 당연히 아무것도 모르는 상태가 아니며, 사람들을 따라 우르르 몰려다니다 뭔가를 알게 되는 것도 아니다. 어떤 일의 옳고 그름을 정확히 판별할 수 있게 된 상태를 가리킨다. 순자가 말하는 '안다'는 것은 현대어에서의 '안다'와 그 의미가 조금 다르다. 《순자》의 맥락에서 '안다'란 바르고 온전한 내면 상태에 가깝다. 여기엔 옳고 그름을 제대로 판단하는 능력도 포함된다.

순자는 옳고 그름을 판별하는 능력을 갖추기 위해서는 '마음'으로 부단히 외부 세계를 탐색하고 탐구해야 한다고 생각했다. 그래야만 제대로 알 수 있다. 이 부분이 맹자의 성선설 중 사단과 다른 지점이다. 맹자가 말하는 마음은 도덕심, 즉 도덕적 가치와 시비를 판단하는 의식을 갖춘 마음이다. 당신의 아이폰에 시리가 내장돼 있듯이 도덕은 마음에서 따로 떼어낼 수 없는 그 무엇이다. 그러므로 곤경이나 의혹에 빠져 있다면, 당신의 마음으로 해야 할 일은 외부에서 뭔가를 구하는 것이 아니라 내적 자아의 소리를 듣는 것이다. 그 내면의 소리가 당신에게 무엇이 옳고 그른지 말해주리라는 것이 맹자의 관점이다.

그런데 시리가 온라인 상태가 아니어도 당신에게 뭔가를 말해줄 수 있을까? 마찬가지로, 맹자가 말하는 도덕심 또한 외부의 사람이나 사물과의 상호작용이 없는데 작동을 할까? 좋다, 그런 건 아무래도 좋다 치자. 그러나 이 부분에서 맹자의 심성론에 대해 얘기하지 않으면 다음 이야기도 이어나가기 어렵다.

맹자의 도덕심이 일종의 내재적 판단력이라면, 우리는 곤경에 처했을 때 내면의 마음을 찾기만 하면 된다. 그런데, 정말 그럴까? 영화 〈인셉션〉에 나오는 주인공처럼 자신의 내면 깊은 곳으로 파고들어가 잃어버린 마음을 찾기만 하면 될까? 그 마음의 소유자인 당신이 어둠의 혼란 속에 갇혀 있어도 그럴 수 있을까?

맹자는 말한다.

사람들은 키우던 닭과 개를 잃어버리면 찾아야 한다는 것을 알면서, 마음을 잃어버리고 나서는 찾아야 한다는 걸 알지 못한다. 학문의 도에는 다른 방법이 없다. 그 잃어버린 마음을 찾는 것뿐.

자신의 마음을 찾는 것, 잃어버린 그 마음을 찾는 것이 삶의 진리라는 게 맹자의 생각이었다. 당신이 키우던 고양이나 강아지를 잃어버리면 당신은 다급하게 찾아 헤맬 것이다. 그런데 당신은 왜 당신의 도덕심을 잃어버렸는데도 찾지 않는가?

당신의 도덕심이 마음 변한 여자친구나 양다리 걸친 남자친구 같더라도, 일단은 되찾고 봐야 하지 않겠는가? 그대로 영영 잃어버린 채 둘 것인가?

반면 순자의 마음은 '알아나가는 마음'이다. 사람의 마음에는 도덕적 판단력이 내장돼 있지 않다. 도덕심이란 배워서 알게 된 뒤에야 그 사람에게 갖춰지는 것이다. 스마트폰에 새롭게 다운로드해야 하는 스팸 차단용 앱 후스콜(Whoscall)처럼 말이다. 이 앱은 온라인 상태에서만 사용할 수 있지만, 오프라인 버전을 다운받아 정기적으로 업데이트만 하면 오프라인 상태에서도 스팸 번호를 식별할 수 있다.

아직은 배움을 통해 도덕의식과 판단력을 내장하지 않은 상태라면, "마음이 도를 알지 못하면 도를 따르지 못하거나 도에 어긋나는 것을 따르게 된다." 당신의 마음은 아직 무엇이 맞고 무엇이 틀린지 알지 못한다.

이런 상태에서는 맞는 이치를 부정할 수도 있고, 틀린 이치를 긍정하게 될 수도 있다. 마치 전화번호 DB가 없는 후스콜처럼 스팸 번호를 제대로 식별하지 못하거나, 식별 작업 자체를 진행할 수 없게 되는 것이다. 그러므로 곤경에 처했을 때 자신이 무엇을 해야 하는지를 정확히 알려면 마음을 허일이정(虛一而靜)해야 한다.

허일이정은 여러 걱정을 안은 채 짜증과 혼란에 싸여 있는 직장인들에게 큰 도움이 된다. 감정의 소용돌이에 그대로 빠져버리지 않도록 자신을 붙들어주기 때문이다. 허일이정은 '허(텅 비움)' '일(하나로 모음)' '정(고요함)'의 세 부분으로 나눌 수 있다. 하나하나 실천해나갈수록 어지럽고 복잡하기만 한 직장생활에 큰 도움이 될 것이다.

어딘지 모르게 도가적인 느낌이 들지만, 허일이정은 사실 외부의 사물을 어떻게 인식할 것인가에 대한 유가의 인식론이다. 동시에 더 나은 사람이 되도록 어떻게 자신을 수양할 것인가 하는 공부론이기도 하다.

대만대학교 철학과의 사토 마사유키(佐藤將之) 교수는 "원래 순자의 학문은 임금에게 어떻게 하면 천하를 왕도와 패도로 다스릴 수 있는지에 대해 제안하는 제왕학"이었다고 말한다. 그렇다면 당연히 맹자의 성선설에 따른 수양법과는 다를 수밖에 없을 것이다. 이왕 여기까지 읽은 독자라면 휴게실에서 잡다한 간행물이나 들춰보는 것보다 순자가 제안하는 마음 수양을 따라 함으로써 얻는 바가 훨씬 클 것이다.

텅 비우고, 하나로 모으고, 고요하게

> 마음은 담아두지 않은 적이 없으나, 그럼에도 텅 비운 상태가 있
> 다. (……) 사람은 나면서부터 지각이 있고, 지각이 있으면 사물
> 을 기억하며, 기억하면 여러 가지가 들어와 쌓이게 된다. 그럼에
> 도 텅 비운 상태가 있다. 마음에 먼저 들어와 쌓인 것들로 인해
> 새롭게 받아들이는 것을 방해받지 않는 것, 이를 텅 비운 상태라
> 한다.

순자는 우리가 사물을 인식할 수 있는 것은 마음이 외부 세계
의 정보를 받아들일 수 있기 때문이라고 말한다. 이렇듯 외부
세계의 정보를 받아들이는 능력과 행동을 '담아둔다(藏)'고
한다. 사람은 태어나면서부터 지각 능력이 있기에 외부 세계
의 정보를 받아들이고, 받아들인 다음에는 기억하고 담아둔
다. 그 정보는 마음속에 내화되어, 우리가 어떤 사람이 되느
냐에 영향을 미친다.

우리가 '먼저 접한 것'들로 인해 새로운 정보를 받아들이
기를 배척하거나, 먼저 접한 정보와 다르면 대뜸 틀린 것으
로 간주하고 이해하려 들지 않는다면, 폐쇄된 자아회로 안에
갇혀 지적 오만이 생기고 인식의 편향만 굳어진다. 그러므로

《순자》에서 중요한 것은 성악설 외에도 바로 이 '해폐(解蔽)'
인 것이다. 해폐는 마음속의 아집과 폐해를 벗겨냄으로써 정
서적 혼란과 편견으로부터 벗어나도록 돕는다.

순자는 말한다.

> 사람의 마음은 욕망으로 가려지고, 악으로 가려지고, 시작으로
> 가려지고, 끝으로 가려지고, 멀어서 가려지고, 가까워서 가려지
> 고, 넓어서 가려지고, 얕아서 가려지고, 오랜 것으로 가려지고,
> 지금이어서 가려진다. 만물의 다름은 이렇듯 상대를 가려 어둡
> 게 한다. 이는 마음 다스리는 공부의 공통된 근심이다.

언제나 경계해야 하는 것은 편견, 오늘도 내일도 멀리해야 할
것 또한 편견이다. 주가가 하루 폭등했다고 뭐든 할 수 있을
것 같은 느낌도 눈가림막이고, 하루 폭락했다고 그날 전부 매
도해버리는 것도 눈가림막이다. 유럽이라고 모두 선진적일
거라는 환상도 편견이고, 자신이 사는 나라에서 집행의 효과
가 크다는 이유로 사형에 무조건 찬성만 하는 것도 편견이다.
말이나 생각을 철학자처럼 어렵게 풀어내고 싶은 것이 치우
친 욕심이라면, 단순하다 못해 얄팍하기 그지없는 "너무 좋
아" 아니면 "완전 싫어" 뿐인 반응도 치우친 감정이다. 현재

에 대한 냉소로 옛날 사람들은 참 순박했다며 지나간 시절을 미화만 하는 것도 편견이고, 전통은 다 썩어빠졌다면서 오래된 모든 것을 파괴의 대상으로만 여기는 것도 편견이다.

이런 태도에 대해 순자가 우리에게 제시하는 것은 허, 즉 마음을 비우는 것이다. "마음에 먼저 들어와 쌓인 것들로 인해 새로이 받아들이는 것을 방해받지 않는 것, 이를 텅 비운 상태라 한다." 이전까지 받아들인 모든 것은 그것대로 한쪽에 두고, 다른 정보도 새롭게 들어올 수 있도록 가슴을 넓게 열어야 한다. 새로운 것에 대해 비판은 할 수 있지만, 그것이 뭔지 제대로 이해하기도 전에 배척해선 안 된다. 그런 태도는 창조적 가능성을 가로막을 뿐이다.

당신도 앞의 이야기에 나오는 추인과 비슷한 곤경에 처해 있다면, 미국의 광고회사인 BBDO의 창립자 알렉스 오스본(Alex F. Osborn)이 개발한 브레인스토밍(brainstorming, 자유 발언을 통한 아이디어 제시로 구체적인 발상을 찾아나가는 방법-옮긴이)을 추천한다. 외부의 정보와 다른 사람의 의견이 아무리 황당해도, 듣자마자 부정하기보다는 이점을 먼저 생각해보고, 그 이점에 대해서는 또 어떻게 반박할 수 있을지도 생각해보라. 모든 비판은 '왜'를 따져 묻는 것이지, 그냥 내 느낌상 어떻다면서 거부하는 것이 아니다. 그래야 진정으로 독립적인 사고에 다

다를 수 있고, 이것이 바로 순자가 말하는 허의 목적이다.

우리는 대부분 성매매가 나쁘다고 말하지만, 왜 어떻게 나쁜지는 명확히 말하지 못한다. 성병이 만연할 수 있으니까. 그럼 예방 조치를 확실히 한다면? 연인이나 부부의 애정관계를 파괴할 수 있으니까. 그럼 성매매 거래의 쌍방이 모두 싱글이라면? 성매매 종사자를 착취당하게 할 수 있으니까. 그럼 착취 구조를 개선한다면?

마음을 비우고 이 모든 질문을 대면할 수 있다면, 성매매라는 개념을 점차 중립화하면서 비판할 수 있게 된다. 단지 '그냥' '내 느낌에' 좋다, 싫다가 아니라.

컴퓨터에 어떤 프로그램을 다운로드할 때 우리는 그 프로그램에 내 컴퓨터 운영체제와 부딪히는 부분이 없는지를 먼저 확인한다. 그렇게 하지 않으면 다운로드가 순조롭게 진행되지 않거나, 다운로드한 뒤에도 프로그램이 실행되지 않을 수 있기 때문이다. 마음도 컴퓨터와 비슷하다. 스스로 마음을 비우는 '심허'를 못하면 새로운 사물과 정보를 받아들이지 못하고, 닫힌 회로 안에서는 문제를 해결할 수도 없다. 그 결과 혼란과 짜증에만 휩싸이게 될 뿐이다. 도덕심의 관점에서는 심허가 다소 부정적으로 보일지 몰라도 '알아나가는 마음'에서는 매우 높은 경지에 해당한다.

추인도 이미 들어와 있는 정보들만을 기준으로 햄버거 광고에 외계 요소라는 아이디어를 무조건 배척해버리는 모습을 볼 수 있다. 지구인만 햄버거를 먹어야 한다는 편견도 다른 아이디어는 받아들이지 못하고 새로운 창조의 가능성이 막혀버린 상태와 같다.

한 번에 한 가지 일만!

이렇게 우리는 순자가 알려주는 내공의 첫 번째 경지인 허를 이해했다. 이제는 '일'에 진입할 단계다. 일, 즉 하나인 상태란 무엇인가?

순자는 이렇게 말한다.

마음은 늘 여러 가지를 생각하고 있지만, 하나로 잘 모을 때도 있다. (……) 마음은 태어나면서부터 지각이 있고, 지각이 있으면 여러 가지를 분별하게 된다. 분별한다는 것은 동시에 여러 가지를 아울러 알게 되는 것이며, 여러 가지를 아울러 알게 되면 여러 가지를 생각하게 된다. 그럼에도 하나인 상태가 있다. 저쪽의 하나 때문에 이쪽의 하나가 방해받지 않는 것, 이를 하나인 상태라 한다.

우리 마음은 태어나면서부터 지각 능력을 갖추고 있고, 이러한 능력을 통해 외부의 정보를 받아들여 마음에 담아둘 수도 있다. 그리고 그것은 그 사람 고유의 기억과 의식이 된다. 그러나 우리는 한 번에 하나의 정보만 받아들이지 않는다. 다른 여러 상황을 동시에 인식할 수도 있다. 바로 "분별한다는 것은 동시에 여러 가지를 아울러 알게 되는 것"이다.

순자는 이처럼 동시에 여러 가지 정보를 수용하는 능력을 '양(兩)'이라는 말로 표현했다. 양이란 단순히 숫자 2를 가리키는 것이 아니라 1에 비해 상대적으로 많다는 의미다. 하나의 마음을 둘 이상의 정보를 다루는 데 쓸 수 있다는 뜻이기도 하다. 이는 외부의 정보를 다룰 때 반드시 필요한 능력이자, 우리를 위험에 빠지지 않도록 하는 능력이기도 하다. 우리는 운전하면서도 옆 사람과 대화를 나눌 수 있고, 뒤에서 누군가가 클랙슨을 울릴 때 바로 듣고 반응할 수 있다. 출근한 사무실에서 스마트폰을 보고 있는 동안에도 사장이 들어오면 바로 알아차릴 수 있다(반드시 그렇다는 게 아니라 그럴 수 있다는 것이다). 바람을 피우고 있는 남자는 아내와 전화 통화를 하면서도 내연녀에게 느끼한 눈빛을 보낼 수 있다(물론 이런 능력은 쓰지 않는 게 가장 좋다).

이렇게 우리의 마음은 일심이용(一心二用) 혹은 일심다용(一心多用)이 가능하다. 그러나 우리는 잠시나마 한 가지 정보에만 마음을 모으고, 다른 정보의 수용은 차단할 수 있다. 이것이 바로 순자가 말하는 일, 즉 하나인 상태다.

일심이용도 능력이지만, 이 능력을 사용할 때 우리는 최상의 상태에 있을 수 없다. 일심이용은 긴급한 상황에 대응하기 위해 피치 못하게 발휘하는 부작용에 더 가깝기 때문이다. 평상시 우리는 최대한 하나인 상태를 유지해야 한다. 안 그러면 어느 한 가지가 다른 일을 인식하고 처리하는 데까지 영향을 미치게 돼 있다.

추인도 바로 이런 상황에 처해 있다. 그녀는 도민준의 감정에 온 신경을 곤두세우고 있으면서 기획안과 검토안을 동시에 준비해야 한다. 양, 즉 일심이용의 상태다. 그녀는 기획안을 준비하면서도 도민준 생각을 하고 있고, 도민준 생각에 빠져 있으면서 기획안도 제출하러 가야 한다. 기획안을 준비하는 동안에도 끊임없이 검토안 제출 시한에 쫓길 것이다. 그녀는 어느 하나에도 온전히 마음을 기울이지 못한 탓에, 어느 한 가지도 제대로 완수해내지 못하고 있다.

순자는 말한다.

"글을 잘 썼던 사람은 많지만, 후대에까지 전해진 사람은 창힐(倉頡, 중국 역사상 처음으로 문자를 만들었다고 알려진 사람-옮긴이) 뿐이다. 농사짓기를 좋아했던 사람은 많지만, 후대에까지 전해진 사람은 후직(后稷, 중국 역사상 처음으로 농사를 지어 후대에 전수했다고 알려진 사람-옮긴이)뿐이다. 음악을 좋아했던 사람은 많지만, 후대에까지 전해진 사람은 기(夔, 중국 역사상 처음으로 음악을 만들었다고 알려진 사람-옮긴이)뿐이다."

요즘의 언어로 표현한다면 이런 의미가 될 것 같다.

"서예를 좋아하는 사람은 많지만 예예(葉曄, 중국의 유명 서예가-옮긴이)처럼 신들린 솜씨를 발휘하는 사람은 많지 않다. 그는 한 자 한 자를 쓰는 데 온전히 마음을 기울이기 때문이다. 딸기를 심어 가꾸는 사람은 많지만, 적시 적소에 심어 가꾸는 사람은 많지 않다. 후자는 딸기를 심어 가꾸는 일 하나에 온전히 마음을 기울이기 때문이다. 노래 부르기를 좋아하는 사람은 많지만, 5566(대만의 유명 보이 그룹-옮긴이)처럼 온 국민이 부를 정도로 노래를 유행시킨 그룹은 많지 않다. 이들은 노래를 부르는 일 하나에 온 마음을 쏟기 때문이다."

물론 한 가지에만 전념하고 나머지는 내팽개쳐도 좋다는 뜻이 아니다. 매순간 우리 마음을 그 순간 하고 있는 일에 온전히 기울일 수 있어야 한다는 의미다. 추인의 경우라면, 도민준에 관한 일은 퇴근 후에 자세히 알아보고 실컷 고민하면 된다. 당장은 광고 기획안에 이틀 정도 전념해서 확실히 끝내고, 나머지 사흘은 검토안 준비에 매달려 확실하게 끝내면 되는 것이다. 이렇게 당장 하나의 일에만 온전히 집중하지 않으면, 기획안 준비를 하면서도 검토안 생각을 하게 되고 만두를 먹으면서도 떡 생각만 하게 된다.

나는 고요하다, 고로 나는 존재한다

이렇게 해서 우리는 허와 일이라는 두 가지 심리적 내공을 익혔다. 그런데 마음을 열고 외부의 정보를 끊임없이 받아들이면, 자아는 폐쇄회로에 갇히지 않는 대신 혼란의 소용돌이에 빠져들 수 있다. 그러므로 적절한 시간, 공간을 설정해 한시적으로 외부 정보를 차단하고, 눈앞의 일 하나에만 마음을 온전히 기울여야 한다. 그렇게 하면 혼란의 소용돌이에서 벗어날 수 있을 뿐 아니라 혼란이 야기하는 짜증에도 시달리지 않을 수 있다.

그렇다면, 짜증에서 벗어나 마음의 평정을 되찾으려면 어떻게 해야 할까? 순자가 말하는 '정(고요함)'에 대해 들어보자.

마음은 움직이지 않은 적 없으나, 그럼에도 고요한 상태가 있다. (……) 마음은 누워서 잠잘 때는 꿈을 꾸고, 가만히 있어도 절로 움직이며, 그것을 부려 모색이나 도모를 할 수도 있다. 그러므로 마음은 움직이지 않는 때가 없는 것이다. 그럼에도 고요한 상태가 있다. 몽상이나 잡다한 생각으로 지각이 혼란스러워지지 않는 것, 이를 고요한 상태라 한다.

우리 마음은 외부의 정보를 받아들일 수 있고, 생각을 할 수도 있다. 어떤 일의 가능성이나 출구를 찾는 동안에도 마음은 계속 움직인다. 이는 생각이라는 걸 할 수 있는 모든 사람의 특성이자 능력이다. 그러나 마음이 시도 때도 없이 움직이는 상태로만 있으면 정서적 안정은 찾을 수가 없다.

우리는 마땅히 우리 마음의 주인이 돼야지, 기분 따라 마음이 들썩이기만 해서는 안 된다. 우리 마음을 허와 일로 이끌지 않으면, 마음은 우리의 통제를 벗어나기 쉽다. 통제를 벗어나버린 마음은 공포나 염려, 부조리감 등에 휩싸여 심신의 균형을 깨뜨린다. 이렇게 마음이 통제를 벗어나 있는 상태가 "누워서 잠잘 때는 꿈을 꾸고, 가만히 있어도 절로 움직이는" 상태다.

당황하거나 초조할 때, 혹은 멍할 때를 떠올려보자. 이제

막 침대에 누워 잠이 들 듯 말 듯한 상태도 마찬가지다. 그런 때조차 머릿속에선 영화 한 편이 펼쳐지듯 온갖 장면이 정신없이 지나간다. 그 장면들은 우리가 의식적으로 만들어낸 생각이 아니라 저절로 떠오른 것이다. 그 순간 우리는 전혀 꿈을 꾸고 있지 않다. 그것은 마음의 주도권을 놓아버렸을 때 만들어지는 일종의 꿈꾸는 상태다. 마음은 가만히 있어도 절로 움직인다.

누우면 꿈을 꾸는 상태는 스위스의 심리학자 칼 융(Carl Gustav Jung, 1875~1961)이 말한 소극적 상상(negative imagination)으로, 무의식에서 펼쳐지는 일종의 의식의 흐름이다. 이러한 상태도 적절히 활용하면 충분히 의미가 있을 수 있지만, 보다 추천할 만한 것은 무의식의 깊은 곳에서 캐내는 적극적 상상(active imagination)이다. 그러나 허일이정의 맥락에서 우리에게 정말로 필요한 것은 정이며, 이는 융이 강조한 것과는 조금 다른 차원의 내공이다.

우리가 도달해야 할 정은 《반야심경》에서 말하는 "마음에 걸림이 없고, 걸림이 없으므로 뒤바뀌어 있거나 헛된 생각을 멀리 떠나 있는" 상태에 가깝다. 이는 마음이 외부 세계의 정보를 거부함으로써 자아가 어둠의 소용돌이에 빠져드는 것도 아니며, 온갖 걱정과 염려로 의식에 혼란을 더하고 있는 상태도 아니다. 추인은 도민준이 여자와 함께 퇴근하더라던 얘기를 듣자마자 그에게 애인이 생긴 건 아닐까 생각하며 한 편의 드라마를 써내려가기 시작하지 않던가.

순자는 우리에게 "몽상이나 잡다한 생각으로 지각이 혼란스러워지지 않아야 한다"고 말한다. 마음이 끊임없이 움직여 잡다한 생각의 혼란에 빠지면, 사고 능력은 흐려지고 기분도 엉망진창이 된다.

지금 당신도 짜증과 혼란에 휩싸여 있다면 허일이정의 내공을 실천해보자. 복잡하게 엉켜 있던 마음 한복판에서 조금씩 빠져나올 수 있을 것이다. 순자는 "아직 도를 터득하지 못하고 도를 추구하고 있는 사람이라면, 마음을 비우고 하나로 모아 고요함을 추구해야 한다"고 말한다. "아, 어떡하지?" 하면서 발만 동동 구를 뿐 어떻게도 못하는 사람이 있다면, 그에게도 허일이정의 내공을 전수해보자.

감사합니다, 순자 선생님! 저도 마음이 복잡해지면 허일이정 한번 해보겠습니다. 안 한다 한들, 달리 뭘 어찌할 수 있겠습니까!

쩡웨이제(曾暐傑)

순자　　　　　　　　　　　荀子, 기원전 298?~238?

공자와 맹자 다음으로 중요한 유학자 중 한 명이지만 가장 많은 오해와 비판을 받아온 사상가이기도 하다. 순자에게 쏟아진 비난 가운데 하나는 그가 성악설을 주장했으며, 법가사상을 창시한 한비자에게 이를 전수했다는 것. 이 때문에 순자는 무려 천 년 가까이 매도당했다. 스승이란 이토록 리스크가 큰 직업이다.

순자의 성악설은 인성의 어두운 면도 직시해야 하며, 배움과 습속 등을 통해서라야 선행과 질서가 자리 잡힌다는 것을 말하기 위해서였다. 그러므로 순자를 알기 위해서는 〈성악〉 외에 〈근학〉〈예론〉〈해폐〉 편도 매우 중요하다. 여기서는 주로 〈해폐〉 편을 소개한다. 우리는 이 글을 통해 순자가 마음 수양에 대해서도 대가라는 사실을 알게 될 것이다.

순자는 이렇게 말하고 싶을 것이다. "내가 진짜로 말하고 싶은 건 성악이 아니라 겸손이었다고! 그리고 나를 순자라고 부르지 좀 매!"

잔혹
인간은 원래 이기적이다

한비자
스스로를 괴롭히면서까지 좋은 사람이 될 필요는 없다

싱글인 데다 열정적이며 업무 능력도 뛰어난 당신, 일을 부탁하기 좋은 대상으로만 전락해 있지는 않은가? 당신은 다른 사람의 부탁을 잔혹하게 거절하기 어려운가? 아니면 당신이야말로 선량한 동료를 잔혹하게 이용하고 있는가? 직장이란 곳은 선량한 사람일수록 기만당하고 이용당하기 쉬운 곳인지도 모른다. 이것은 우리가 어느 정도 잔혹해져야만 직장에서 생존할 수 있다는 뜻이기도 하지 않을까?

당신이 남들을 이용하건 남들에게 이용당하건 간에, 당신이 잔혹하건 그렇지 않건 간에, 한비자의 철학은 당신에게 잔혹함에 대한 철학적 기초를 제공한다. 착하고 온순하게만 보인 탓에 집단 괴롭힘의 타깃이 되었다는 핑계는 대지 말자. 한비자는 우리에게 불필요한 도덕성의 갑옷을 벗어던지고 직장이라는 경쟁터를 똑바로 대면하도록 일깨운다.

"즈수, 자네가 가장 열심이군. 오늘 점심도 도시락 주문 좀 부탁해."

"즈수, 이 보고서는 자네에게 맡기겠네! 자네 부서 일은 아니지만, 입사한 지 얼마 안 됐으니 이것저것 다양하게 배우는 거라고 생각해."

"즈수, S사와의 합작 계획이 실패로 돌아가서 회사 차원에서 조사를 해봤어. 과장과 자네 동료들이 말하기를 자네가 제출한 자료에 오류가 있었다더군. 그래서 이번 달 월급은 삭감일세."

"즈수, 우리 애가 아직 어려서 일찍 들어가봐야 돼. 대신 야근 좀 부탁할게! 자네는 미혼이니 집에 가서 봐야 할 애도 없잖아?"

"즈수, 너만 한 인재가 없어서 말이지. 이 보고서, 익숙하지? 좀 도와줘. 난 도저히 못하겠어. 이것에만 매달리다간 주말 데이트도 포기해야 할 판이야. 넌 좋은 사람이잖아, 그렇지?"

"즈수, 미안한데 회사 영업이익이 계속 마이너스라서 당분간은 월급을 못 줄 것 같네. 몇 달만 함께 위기를 넘겨보자고! 내 조만간 밥 한번 살게."

즈수는 석사 과정을 마친 후 가슴 가득 열정을 품고 회사에 들어왔다. 아직 1년도 안 된 신입사원이지만 여기저기 불려다니며 온갖 일을 떠맡고 있다. 온화하고 선량한 성품에 거절을 잘 못해서 그런 것일까. 시간이 흐를수록 즈수는 회사가 너무한다는 생각이 들었다. S사와의 합작 건만 해도 그렇다. 협상 방식은 전부 과장이 주도하고 있었다. 즈수가 제출한 자료에 오류가 있던 건 사실이지만 과장은 자기 판단이 맞다며 무리하게 밀어붙였다.

동료들은 과장 앞에선 맞장구를 쳤지만 과장이 없는 자리에선 그런 식으로 협상해서 될 리가 없다며 다들 한 마디씩 걱정을 늘어놓았다. 그런데 이제 와서 모든 책임을 자신에게 떠넘기고 있는 게 아닌가.

즈수는 정말 실망스럽고 짜증이 났다. 그동안 그는 가정이 있고, 아이가 있고, 연인이 있는 동료들의 사정을 이해했기에 성심껏 그들을 도왔다. 차마 거절할 수 없어 야근을 대신해준 적도 많았다. 그는 싱글이었고 별다른 취미도 없었기에 저녁에 딱히 할 일이 없는 것도 사실이었다. 도울 수 있으면 돕는 것도 나쁘지 않다고 생각했다. 그렇게 호의를 베풀고 때로는 헌신까지 했건만, 월말회의에서는 동료들 앞에서 보란 듯 훈계까지 당하고 나니 어이가 없었다. 심지어 휴게실에서 마주친 동료들마저 그를 차갑게 비웃었다.

즈수는 더더욱 회사와 회사 사람들의 잔혹함을 절감하게 됐다. 분명 그는 애인이 없고, 입사한 지 얼마 안 됐다. 배워야 할 것도 많고 도와야 할 일도 많다. 하지만 그렇다고 해서 남의 야근까지 대신 떠맡아야 한다거나 부당한 임금 삭감까지 감수해야 하는 건 아니다. 심지어 상사의 잘못까지 책임져야 하다니, 왜 그런 의무까지 져야 한단 말인가? 하지만 그렇게 생각하다가도 '나까지 공감 능력을 내려놓는다면 다른 동료들처럼 잔혹해지는 게 아닐까' 싶어졌다. 그렇게까지 잔혹해지고 싶지는 않았다.

"어? 즈수가 휴게실에서 쓰러졌어요! 어서들 와서 바닥에 떨어진 커피 원두 좀 정리해주세요!"

한비자의 철학에는 특유의 차갑고 날카로운 기운이 있다. 그래서 어떤 사람은 더욱 좋아하겠지만, 어떤 사람은 싫어할 수도 있다. 독자 여러분도 이 글을 읽기 전에 평소의 도덕관념은 최대한 내려놓고 심호흡을 단단히 해두는 것이 좋다. 당신은 2천 년 전으로 돌아가 강렬한 사상적 충격을 받게 될지도 모른다. 이 글에서는 유교적 도덕에서 벗어나, 한비자의 각도에서 새로운 가능성과 태도를 탐색해보고자 한다. 자, 그럼 마음의 준비 단단히 하고, 이 남다른 사유의 여정에 동참해보자.

직장에 과연 도덕이 있을까

"사람의 타고난 성품은 본래 착하다. 타고난 성품은 서로 큰 차이가 없으나, 습관으로 인한 차이가 시간이 갈수록 더욱 커지는 것이다."

《삼자경》에 나오는 말이다. 대만에서는 아이가 말을 배우자마자 부모부터 교사까지 《삼자경》을 외우도록 권하는데, 그 과정에서 성선설은 자연스럽게 진리로 받아들여진다. 대만의 중고등학교에서 배우는 중국의 문화·사상을 통해서도 맹자의 성선설은 학생들의 머릿속에 강력하게 주입된다. 그러나 협잡과 경쟁이 판을 치는 직장, 그것도 휴게실에서 즈수가 맞닥뜨린 비난과 냉소는 성선설을 의심하게 만들기에 충분해 보인다. 인간의 본성은 정말로 선한가?

유가의 문화가 지배적인 사회에서는 성선설이 주류를 이

루고 있는 것이 사실이다. 우리는 대부분《논어》에 나오는 온화, 선량, 공경, 절검, 겸양 등의 도덕적 가치를 내면화하는 과정에서 나의 욕망이나 이익을 솔직하게 말하지 못한다. 일부러 사양하거나 겸손한 체하면서 온갖 예의를 몸에 익힌다. 그러나 우리는 직장에서 가장 양심적이던 사람이 가장 심하게 이용당하고 매도당하며 기만당하는 모습을 종종 본다. 참으로 가슴 아픈 일이 아닐 수 없다. 우리 사회에서는 선한 사람일수록 곤경에 처하는 경우가 매우 흔하다.

이러한 현상은 '선의와 선행에 이점(benefit)이 있는가'라는 논쟁을 불러일으킬 법하다. '좋은 사람이 행복하게 살 수 있는가'라고 물을 수도 있겠다. 덕과 복의 일치. 과연 인품이 훌륭하면 행운도 따라오는가.

현대 신유학을 대표하는 철학자 모우쭝싼(牟宗三, 1909~1995)은《원선론》에서 선은 반드시 행복을 가져다준다며 무한지심을 말한다. 모든 일은 사람의 마음을 따라 널리 퍼지게 마련이고, 마음이 강대한 지성을 발휘할 수만 있다면 어떤 일이든 뜻대로 이루어지고, 심신의 건강과 평안을 누릴 수 있다고 강조한다. 어떤 일이든 뜻대로 이루어진다는데, 이런 게 행복이 아니면 무엇이 행복일까!

이렇듯 종교에 가까워 보이는 성선설에서는 선의와 선행

이라는 덕성 자체가 곧 행복이다. 행복하지 않다고 느낀다면, 그것은 당신의 마음이 충분히 강대하지 않아서이므로 스승의 가르침에 더욱 감사하고, 마음을 다해 찬탄해야만 한다!

당신은 분명 이런 사고방식이 어딘가 이상하다고 느끼면서도, 이런 굳은 신념에는 일말의 위대한 의의도 존재한다는 것을 부정할 수 없을 것이다. 그러나 이런 사고방식은 자기수양이 동반되지 않는 한, 형편없이 속된 것으로 여겨지기 쉽다. 천박하고 졸렬한 저속함의 극한은 루쉰의 소설 속 인물인 아Q의 '정신승리법'에서 볼 수 있다. 초과근무는 밥 먹듯이 하면서 월급은 터무니없이 낮지만…… 괜찮아! 이 얼마나 멋진 일인가! 일을 통해 공덕을 쌓을 수 있는데! 천년만년 후에는 반드시 복을 받게 될 거야!

대부분의 직장인에게는 모우종싼과 같은 지혜와 도량이 없다. 자중자애하며 자신을 갈고 닦아 무한히 선을 행했다가는…… 여기저기서 치이고 이용이나 당하는 무골호인이 되기 십상이다. 쓸데없이 곤경에 빠져 좌절하고 마는 것은 언제나 그 무리에서 가장 선량한 사람들이다. 사실 대놓고 성악설을 외치며 권모술수를 자행하는 이들은 그리 두려운 존재가 아니다. 정말로 무서운 사람은 선한 본성이나 양심, 지성 따위를 입에 달고 살면서 후흑(厚黑, 뻔뻔함과 음흉함-옮긴이)

의 행동을 하는 사람들이다. 이런 사람들은 입으로만 '성선'과 우애를 외치면서 실제로는 무시무시한 '성악'의 투쟁을 벌인다.

사실 한비자의 철학은 우리가 유가 사회 특유의 곤경에 처했을 때 균형을 찾도록 돕는 면이 있다. 성악의 세계에서 인간의 악한 본성에 대해 거리낌 없이 이야기하고, 욕망의 세계에서 솔직하게 자신의 욕망을 추구하고, 이기주의의 세상에서 무엇이 진실로 나에게 이익인지를 논할 때 우리는 비로소 직장에서도 각자의 이익을 추구하는 가운데 협력의 가능성을 찾을 수 있다. 평소 위선군자의 사탕발림에 속아 지내다가, 그 안에 감춰진 칼에 불시에 찔리고 마는 것이 아니라!

유가에서 추구하는 군자의 인격은 진실로 감탄할 만하다. 그러나 우리는 가짜 유가의 위선군자에 더더욱 주의해야 한다. 우리는 한비자가 말하는 자기 잇속(self-interest)의 철학도 갖추고 있어야 성선을 말하며 후흑을 행하는 위선군자에게 대항할 수 있고, 직장에서도 행복과 정의를 추구할 수 있게 된다!

직장은 철저히 자기 잇속을 챙기는 곳

한비자의 철학은 한 마디로 자기 잇속의 철학이라고 할 수 있다. 한비자는 "무릇 인간은 안전과 이익을 좋아하고, 위험하고 해로운 것은 피하려 한다"고 말한다. 그는 어디까지나 현실 속 사람들의 성향을 바탕으로 자신의 철학을 구축했다는 것을 알 수 있다. 한비자는 인간의 본성이 어떤가를 두고 논쟁하지 않았다. 다만 현실에서 사람들이 이익을 좋아하고 해로움을 싫어하는 성향을 보인다고 지적했을 뿐이다.

맹자의 성선설이나 순자의 성악설은 모두 한비자의 관심 밖이었다. 그가 강조한 것은 사람들이 자기 잇속을 차리는 것이야말로 현실에서 보이는 보편적 특징이라는 것.

가마 만드는 사람은 모든 사람이 부유하기를 바라고, 관 만드는 장인은 사람들이 일찍 죽기를 원한다. 가마 만드는 사람은 어질고 관 만드는 장인은 사악해서가 아니라, 사람들이 부귀해져서 사는 것이 풍요롭지 않으면 가마가 팔리지 않고, 사람이 죽지 않으면 관이 팔리지 않기 때문이다. 즉 사람을 증오해서가 아니라 사람이 죽어야 이익을 얻을 수 있기 때문인 것이다.

이 지점에서 우리는 한비자가 묘사하고 있는 인간형이 자신의 최대 이익을 추구하는 이성적 인간, 즉 '경제인'이라는 것을 알 수 있다. 한비자의 경제인은 유가의 도덕인과는 다르다. 사실 한비자의 이런 사고방식은 직장인들의 보편적 의식이자 실제 모습이기도 하다. 직장에서는 누구도 성인군자가 되려 하지 않는다. 물론 성인군자가 돼야만 롤스로이스를 얻을 수 있다면 얘기가 달라지겠지만. 직장인들의 최대 관심사는 어디까지나 내년의 연봉 상승이나 무급 휴가 여부일 뿐이다.

이렇듯 자기 잇속을 중시하는 인성을 바탕으로 한비자가 제시한 것이 법, 술, 세다. 공개적이고 자세한 규칙인 법으로 백성을 다스리고, 은밀한 술책으로 신하들을 부리고, 위협적인 세로 백성들과 신하들을 굴복시켜야 한다는 것. 오늘날에도 이러한 권모술수적 기법을 기업의 경영·관리에 활용하는 비즈니스 서적을 흔히 볼 수 있다. 그러나 한비자 사상의 근원은 저마다 자신의 생존과 이익을 위해 투쟁하는 가운데, 어떻게 하면 국가 전체의 이익과 자원 분배 및 정의를 실현할 것인가였다.

한비자는 말한다.

성인이 백성을 다스리는 데는 백성을 다스리는 근본을 생각하여, 제 욕망을 마음대로 하지 못하도록 한다. 이는 백성들에게 이익이 되도록 하기 위한 것이다. 그러므로 백성에게 형벌을 가하는 것은 백성을 미워하기 때문이 아니라 사랑의 근본이다.

한비자의 목적은 철학과 제도의 구축을 통해 최대 다수가 자신의 이익을 얻을 수 있도록 하는 것이었다. 이렇듯 이익을 중심으로 한 한비자의 철학은 유가에 의해 사악한 사상으로 비난받았고, 심지어는 사람의 심성을 망가뜨리는 가짜 철학으로 매도당했다. 요즘의 학부모들이라면 "애들 망치기 딱 좋은 쓰레기" 취급을 할 수도 있겠다. 한비자가 묘사하는 현실 세계는 확실히 유가의 도덕성 충만한 세계와는 거리가 멀다.

부모가 자식을 대할 때도 아들을 낳으면 서로 축하하지만, 딸을 낳으면 곧 죽이고 만다. 같은 부모에게서 태어났는데도, 아들이면 축하하고 딸이면 죽이는 것은 뒷일의 편의를 생각하고 먼 장래의 이익을 헤아리기 때문이다. 부모가 자식을 대할 때도 이토록 타산적인데, 하물며 부모 자식 사이도 아닌 관계는 어떻겠는가!

농경시대에는 가족의 생존에 유리한 경제적 생산력을 높이기 위해 딸이 태어나면 살해하는 풍조가 있었다. 한비자는 이러한 사실이 명백히 존재함을 지적할 뿐이다. 옳고 그름에 대해서는 일단 말하지 않는다. 그러나 이러한 현실 자체에서 드러나는 것은, 이익을 위해서는 자신의 딸을 해치기까지 한다는 사실이다. 하물며 혈연관계도 아닌 직장 사람들은 어떻겠는가? 무슨 도덕심으로 자신의 이익까지 희생해가며 남을 챙기겠는가?

직장이 잔혹한 것은 너무나 당연한 일

한비자의 철학은 직장 동료들이 내 생각까지 해주길 기대해서는 안 된다는 사실을 냉정하게 일깨운다. 누구나 돈도 많이 벌고 가정도 잘 돌보고 싶어 한다. 당신이 사랑하는 가족과 함께하는 시간을 내고 싶다면, 당신의 동료인들 안 그렇겠는가? 맹자는 "부모를 잘 섬기는 것이 인(仁)"이라고 했다. 직장에 있는 사람들끼리도 서로를 인의 마음으로 대할 수 있을까? 기대하기 힘들다. 진짜 군자가 위선군자를 만났을 때, 좋은 사람이 나쁜 사람을 만났을 때 일방적으로 피해를 입는 쪽은 대개 전자다.

그렇다면 유가에서 드높인 인의, 도덕이 잘못이라는 말일까? 잘못이라고 할 수 없다. 다만 시대가 변했기에 우리가 갖춰야 할 태도와 사고방식도 달라진 것뿐이다. 지금 시대에는 지금 시대에 맞는 철학이, 맞는 방법으로, 맞는 사람에게 적용될 필요가 있다. 공자와 맹자 시대의 마차는 사람이 걷는 속도보다 빠르기만 하면 됐을지 모르지만, 요즘은 차가 빠르다는 소리를 들으려면 스포츠카 정도는 돼야 하는 것과 비슷하다.

또 한 가지 생각해봐야 할 점은, 공자의 시대에 어떻게 해서 유가가 시행될 수 있었느냐다. 당시만 해도 정치와 사회가 완전히 혈연에 따라 구축돼 있었다. 하나의 동심원으로부터 밖으로 확장돼가는 커다란 동심원처럼 가정, 사회, 국가가 모두 혈연관계에 있는 사람들로 이뤄져 있었다. 그렇기 때문에 맹자가 말한 "부모를 친애하고 나서 백성을 사랑하고, 백성을 사랑하고 나서 만물을 사랑한다"는 식의 역지사지를 실천할 수도 있었다.

나의 1급 친족을 100% 사랑하고 2급 친족을 95% 사랑하고 3급 친족을 90% 사랑하는 식으로 사랑의 범위를 확대하다 보면, 잉크가 물에 퍼지듯 바깥으로 갈수록 사랑은 점점

옅어질 수밖에 없을 것이다. 그러나 나의 3급 친족도 나의 2급 친족에게는 1급 친족일 수 있다. 그러므로 나의 3급 친족은 나에게서 90%의 사랑만 받는 게 아니라, 나의 2급 친족에게서 100%의 사랑도 받는다. 그렇다면 이런 식으로 계속 사랑을 확대해나간 끝에 모두가 하나로 이어져, 다 같이 "We are the family, we are the world"를 노래할 수 있게 된다. 이것이 바로 유가에서 말하는 차등적 사랑이다.

현대사회는 이런 모습이 아니지 않은가! 옆집에 누가 사는지도 모른다. 그저 서로 피해만 안 주면 그만인데, 굳이 친하거나 섬길 필요까지 있을까? 우리가 사는 이 사회는 더 이상 혈연관계로 구성돼 있지 않다. 관계 지향은 이익 지향으로 변한 지 오래다. 한비자가 지적한 것처럼 "상고시대에는 도덕을 다투었고, 중세에는 지모를 겨루었으나, 지금 세상에서는 힘으로 싸우"게 된 것이다. 그때는 그때고 지금은 지금이다. 명대의 칼로 청대의 관리를 칠 수는 없다. 현대를 살면서 복고를 외치는 것은 시대착오에 지나지 않는다.

과거엔 사람들 사이가 긴밀해 도덕만으로도 관계를 유지하기에 충분했을지 모른다. 당신의 왼편엔 시고모의 사촌의 아들이 앉아 있고, 오른편엔 올케의 이모가 앉아 있고, 앞에는 삼촌의 외사촌이 앉아 있고, 뒤에는 당신의 아버지가 앉아 있는 장면을 상상해보라. 이런 가족기업에서 특정 직원을 따돌리는 일이 일어날 수 있을까? 그 안에서 당신 혼자만 잇속을 차리거나 오만하게 군다면, 다른 가족들은 도덕의 힘으로 간단히 당신을 제압할 것이다.

그러나 오늘날의 직장에서는 누구도 당신과 혈연관계가 아니다. 혈연관계였다면 모두가 미간을 찌푸리는 정도로 끝났을 일도 공적 기관에서 일어났다면…… 축하한다. 당신은 그 사실을 세상에 폭로함으로써 뜻밖의 수입을 올리게 될지도 모른다! 이 또한 일종의 이익 도모 아니겠는가.

그러므로 직장에서의 관계가 이익 지향적인 것은 전혀 이상하지 않다.

한비자는 다음과 같이 말한다.

신하는 사력을 다하는 것으로 군주와 군신관계를 맺고, 군주는 벼슬과 봉록으로 신하와 관계를 맺는다. 군주와 신하의 관계는 부자와 같은 혈육관계가 아니므로 이러한 계산에 따르는 것이다.

고대의 신하들은 왜 임금의 명을 따르기 위해 사력을 다했는가? 임금이 그들에게 봉록과 직위를 주었기 때문이다. 임금과 신하 간에 이뤄진 일종의 이익교환이자 거래다. 이러한 관계는 서로에게 이득이라 유지된 것이지, 부모 자식 간의 정 같은 게 있어서 유지된 것이 아니다. 이는 오늘날 직장의 이익 관계를 떠오르게 한다. 자신의 상사를 효도해야 할 부모처럼 여기는 직장인이 있는가? 물론 뒷배를 봐주는 일종의 스폰서 관계에 있는 상사라면 얘기가 좀 달라질 수도 있겠다.

그러니 동료들이 당신을 아끼거나 챙겨주지 않는다고 원망하지 마라. 회사에서는 아무도 당신에게 잘해줘야 할 의무가 없다. 남들이 당신에게 잘해주기를 바란다면, 오랫동안 신뢰를 쌓아왔거나 서로에게 윈윈인 관계를 만들어왔어야 가능하다. 회사에서 가족처럼 따뜻한 분위기를 기대하는 건 사치다. 정 그런 관계를 원한다면, 뜻 맞는 동료들과 협력해서 직접 만들어나가면 된다. 직장이 금속처럼 차갑게 느껴지는 건 지극히 정상적인 현상이다. 직장이라는 곳에 따뜻함이 넘친다면 그게 더 이상하다. 누군가에게 귀엽게 굴면서 사랑받고 싶다면, 집에 가서 어머니나 할머니를 찾는 편이 낫다.

도덕이 나쁜 것은 아니다, 다만 시대에 맞지 않을 뿐

한비자의 철학은 한어문화권에 존재하는 어떤 맹점을 가리키고 있다. 옛날은 전부 좋았는데, 지금은 옛날에 미치지 못한다는 생각이 바로 그것이다. 우리는 종종 "요즘 인심은 옛날 같지 않다"는 말을 듣는다. 그러나 이는 전통 유가에서 이상적인 도덕사회를 미지의 고대사회에 투영한 사고방식에 지나지 않는다. 지금은 잃어버렸지만 반드시 되찾아야 할 이상적 고대를 상정하고 있는 것은 유가만의 고유한 특징이다. 옛날엔 잘 때도 문을 잠글 필요가 없었는데 요즘은 방범창까지 설치해야 한다는 식의 푸념도 전형적인 '그리운 옛날' 타령에 해당한다. 그러나 귀신이 들어와도 먹고 갈 게 없던 가난이 일상이던 시대가, 과연 그립기만 한 이상적인 시대였을까?

한비자의 철학에서, 잔혹은 사회의 현실 그 자체였다. 그것은 고대에도 현대에도 마찬가지다. 옛날 사람들이라고 과연 모두 순박하거나 도덕적이기만 했을까? 고대의 임금이라고 모두 덕 있는 자에게 순순히 왕위를 양보했을까?

누군가의 머릿속에만 존재하는 이상적인 사회를 처세의 준칙으로 삼아서는 곤란하다. 사실 그런 사회는 인류 역사에 존재한 적이 없다. 오직 유가에서만 그러한 이상을 먼 고대에 투사하여 그리워해왔을 뿐이다. 먼 고대의 실상이 정말 그랬는지 아는 사람은 아무도 없다. 그러니 "요즘 인심은 옛날 같지 않다"거나 "인애의 마음만 있다면 온 세상이 평화로울 텐

데"라며 아쉬워할 이유도 없다. 도덕적 이상에 근거한 순진한 이론은 직장에서 만나는 위선군자들에게 잔혹의 날개만 더해 줄 뿐이다.

한비자는 이렇게 말한다.

세상의 어리석은 학자들은 나라가 잘 다스려지고 어지러워지는 것의 본질을 알지 못하면서, 옛 서적만 시끄럽게 읊어대며 세상을 어지럽히면서도 세상을 다스린다고 말한다.

"직장에서 유난히 온화, 선량, 공경, 절검, 겸양을 떠들어대는 위선자들이 있다면, 그들은 아직 현실을 정확히 모르고 있는 것이다. 입만 열면 공자 왈 맹자 왈 하는 자가 있다면, 바로 그가 세상을 어지럽히고 직장을 잔혹하게 만들고 있는 주범일 가능성이 높다."

한비자가 살아있다면, 분명 이렇게 말했을 것이다.

유가학설에서는 사람이 본래 선량하고 사회는 본래 조화롭다고 간주한다. 순자는 이런 생각에 반대했지만, 유가에서는 이에 대해 진지하게 거론하거나 논쟁하는 대신 이단으로 배척하고 유가에서 축출해버렸다. 유가는 겸손하고, 양보하며, 예의를 다하고, 심지어 이익을 다퉈도 안 되며, 자신을 희생하는 것이 최고의 도덕적 가치라고 강조하면서 사실상 주입하다시피 한다. 그렇다면 직장에서 자신의 이익을 추구하는 것도 잘못이다. 게다가 사람 자체가 망가진 것이다. 현실의 잔혹한 풍경은 사회 질서의 붕괴를 의미하는 것이 된다. 그러나 저마다 자신의 이익을 추구하는 것은 경제인으로 이루어진 사회에서 지극히 흔하고 당연한 모습이다.

각자의 이익 속에서 최대공약수 찾기

직장에서 각자가 자기 이익을 추구하는 것은 근본적으로 잘못이 아니다. 그러나 우리의 집단 무의식에는 유가의 형이상학적 성선론이 깊게 새겨져 있다. 《맹자》에서 말하듯 "어찌 꼭 이익을 말하는가? 인의도 있는데!"라는 생각 아래서는 이익이나 욕망을 말하는 것조차 일종의 수치, 배덕이 된다. 그래서 우리는 거짓으로라도 겸손한 척, 양보하는 척 예의를 지키고, 내 이익엔 관심 없고 상대방만 위하는 척을 하게 된다. 그러나 실제 현실에서는 생활의 압박을 받지 않는 사람이 없고 부를 바라지 않는 사람도 없다. 그런데 왜 나의 이익을 희생하기까지 해야 하는가?

유가에서는 사람들이 모두 온화하고, 선량하고, 공경하고, 절검하고, 겸양할 때 사회 전체가 조화로워질 수 있다고 말한다. 맞는 말이긴 하지만, 모든 사람이 그럴 수 있을까? 성인군자가 말로만 도덕을 말하며 뒤로는 기만과 협잡의 칼을 찌르는 위선군자를 만났을 때 누가 피해자가 될까? 유가의 사고방식으로는 "손해 보는 것이 차라리 이익"이라는 말로밖에 자신을 위로할 수 없을 것이다. 온 세상을 포기한다 해도 내 양심만은 지켰으니 다행이라고 할 것인가, 요즘 인심은 옛날 같지 않다며 한탄만 할 것인가.

한비자는 이런 상황에 대해 흥미로운 비유를 들며 말한다.

인의를 가르친다는 것은 사람에게 현명과 장수를 가르치는 일과 같아서, 법도를 갖추고 있는 군주는 그것을 상대하지 않는다. 모장이나 서시의 미모를 칭찬한다고 해서 자기 얼굴이 예뻐지는 건 아니지만, 연지나 머릿기름이나 분으로 화장을 하면 그 전보다 아름다워질 수는 있다. 마찬가지로 선왕의 인의를 말한다 해도 잘 통치되지 않을 수 있지만, 자기 나라의 법도를 명확히 하고 상벌을 확실히 하는 것은 국가에 있어 연지나 머릿기름이나 분에 해당된다.

한비자는 이렇게 말하고 있는 것이다.

"당신은 옛날의 성인, 성왕들이 도덕적이고 양심적이며 겸손하고 예의까지 갖춘 데다 남들을 위해 기꺼이 자신의 이익까지 희생했다고 말한다. 그런데 그런 얘기가 우리처럼 자신의 이익이나 추구하는 경제인에게 무슨 쓸모가 있는 거지? 그건 마치 아인슈타인은 IQ 190이 넘는 천재라고 하는 얘기와 같다. 그래서 뭐 어쨌다는 건가? 그런 얘기를 나한테 하면 내 IQ도 높아지나? 당신 집에서 키우는 거북이가 200년을 산다고 얘기하면, 나도 장수하게 되나?

당신이 우리에게 요·순·우 임금이나 주나라의 주공이 얼마나 높은 도덕적 사명을 가졌는지 얘기하면, 우리가 이 시대의 성왕이라도 되는가? 당신이 판빙빙이나 린즈링(林志玲, 대만의 유명 모델-옮긴이)에 대해 아무리 얘기해도, 우리는 평범하다 못해 못생긴 채 그대로인 것과 같다! 우리 앞에서 절세미녀에 대해 말하는 건 우리를 비웃기 위해서인가, 아니면 조롱하기 위해서인가? 차라리 SK-Ⅱ 같은 화장품이나 비싼 마스카라, 파운데이션을 사면 단 몇 초나마 예뻐 보일 수라도 있겠다. 대체 판빙빙, 린즈링 얘기를 우리한테 해서 어쩌겠다는 거지?

자기 잇속을 챙기는 경제인의 특질은 당신이 부정한다고

없어지는 게 아니다. 먼 옛날의 도덕적 모범을 들고 나와 지금 사람들에게 덕행을 요구하기보다 현실 속 사람들의 사리 추구 성향을 인정하고, 이를 바탕으로 상벌제도를 확립해 각자의 이익을 추구하는 가운데 서로 원원하도록 하는 편이 낫다. 그것이 SK-Ⅱ를 바르는 것만큼이나 효과가 빠를 것이다. 직장에서도 마찬가지다. 괜히 기대했다가는 당신만 상처받을 것이다. 차라리 그 이기적인 사람들과 협상하고 소통하면서 적극적으로 교류하는 것이 생존의 방책이다."

한비자와 비슷한 생각을 했던 인물로 영국의 정치철학자 토마스 홉스(Thomas Hobbes, 1588~1679)가 있다. 그는《리바이어던》에서 국가 질서가 형성된 원인과 과정에 대해 말한다. 인간은 줄곧 어떤 도덕이나 규범, 법률도 존재하지 않는 '전쟁 상태'에 있었고, 개인들은 자신의 이익을 위해서는 도덕과 부도덕을 따지지 않았다. 사람들은 각자 자신의 생존을 위해 서로의 자원을 빼앗을 뿐이었다. 남의 자원을 충분히 빼앗아야만 나의 생존을 도모할 수 있었고, 이를 위해서는 폭력, 절도, 심지어 살해에 이르기까지 수단과 방법을 가리지 않았다.

그렇다면 사회 질서는 어떻게 해서 형성됐는가? 어느 순간, 사람들은 그런 식의 전쟁 상태에서는 늘 경계해야 할 뿐 아니라 장기간의 생존도 보장할 수 없다는 사실을 깨달았다. 만약 두 사람이 식량으로 토끼 한 마리만 얻을 수 있다면(귀여운 토끼를 어떻게 먹을 수 있냐고 나에게 따지진 말기를), 조금이라도 더 힘세고 건장한 자가 다 차지하려 들 것이다. 그러나 그도 쉬거나 잘 때 남들이 남은 토끼를 훔쳐가지 않을까 노심초사하며 방비해야 한다. 나아가 늙거나 병들기라도 하면, 그때는 토끼 고기에 입도 못 댈 가능성이 크다.

그래서 사람들은 모두가 토끼 반 마리는 먹을 수 있게 하자고 협상하기 시작했다. 최고의 강자 입장에선 승자 독식의 전쟁 상태라면 혼자 차지할 수 있었을 토끼를 반밖에 먹지 못하는 것이 된다. 그러나 장기적으로는 그도 토끼 반 마리는 매일 보장받는 것이기도 하다. 이것이 바로 나눔이 곧 덕행이 될 수 있었던 이유이자, 합의와 협력을 통해 사회 질서가 자리 잡게 된 과정이다. 이후 두 사람은 쌍방이 모두 이러한 합의를 준수하도록 한 명의 중재자를 세워, 어느 한쪽이 합의를 깨고 토끼를 독차지하면 반드시 처벌을 받도록 했다. 이것이 바로 법률과 국가의 원형이다.

조금 더 잔혹해져도 좋다!

한비자는 각자 자신의 이익을 추구하는 사회에서는 크게 두 가지 수단으로 질서를 세울 수 있다고 생각했다.

임금이 신하를 제어하는 방법에는 두 가지 수단이 있을 뿐이다. 그 두 가지 수단이란 형과 덕이다. 형과 덕이란 무엇인가? 사람을 죽이는 것을 형이라 하고, 상을 주는 것을 덕이라 한다.

안정적이고 조화로운 사회 질서를 구축하려면, 상과 벌이라는 수단을 잘 활용하면 되는 것이다. 사실 이것은 기업이나 관리자만이 아니라, 사무실 및 휴게실의 직원들도 다룰 줄 알아야 하는 수단이다. 사내 제도와 중간관리자의 감독은 종종 직원들 사이에서 중재자 역할을 한다.

만약 모든 것을 도덕에만 호소해 처리한다면, 장유유서라든가 온화, 선량, 공경, 절검, 겸양이 강조되는 근무환경에서 가장 어리거나 선량하거나 신입인 직원만 희생되고 만다.

덕행은 오늘날의 직장에서 더 이상 미덕도 아닐 뿐더러, 따돌림이나 괴롭힘을 당하기 좋은 만만한 자질로 여겨질 뿐이다. 이를테면 이런 식이다.

"자네는 이번에 새로 들어왔으니 최대한 여러 가지 업무를 접해봐야 회사에 적응할 수 있을 거야."

"신입이니까 도시락 주문이나 점심 메뉴 선정은 자네가 담당해."

"자넨 미혼이니 야근 좀 해도 무리 없겠지?"

"자넨 아직 실적 압박을 크게 받을 나이도 아니니 이런 일은 자네가 담당하는 것이 좋겠군."

"이건 자네에게 익숙한 일이니까 나 좀 도와주겠나?"

"회사에 다닌 지도 좀 됐으니 이 정도 일은 집에 가져가서라도 끝내오도록 하게."

이렇듯 동료들과 회사가 당신을 착취하려고 할 때 가장 주워섬기기 좋은 핑계가 바로 도덕이다.

그러나 복리와 상벌 제도로써 모든 업무를 제도화하고 모든 것을 이익의 기준으로 평가한다면, 서로의 권한이 최대한 동등해지면서 윈윈의 구조를 만들어낼 수 있다. 예를 들어 '나는 미혼이니까 야근수당이나 실컷 챙겨야겠다' 하는 직원에겐 얼마든지 야근을 신청할 수 있도록 하고, 돌봐야 할 자녀가 있어 시간이 필요한 직원에게는 정시 퇴근을 택할 수 있도록 하면 된다. 결혼하지 않았다는 이유만으로 야근을 해야 할 의무가 있는 것도 아니고, 남의 가정의 행복을 위해 내가 희생해야 할 이유는 없지 않은가?

내가 야근을 한다면, 어디까지나 돈을 더 벌기 위해서여야 합당한 것이다. 이런 게 어째서 도덕의 문제가 돼야 하는가? 어째서 나 자신이 온화, 선량, 공경, 절검, 겸양의 모범이 돼야 하는가? 어째서 나 자신을 도덕의 노예로 만들어야 하는가? 어째서 나 자신은 위선군자들에게 이용만 당하는 희생제물이 돼야 하는가?

물론 도덕을 전면 부정해도 좋다는 뜻은 아니다. 다만 한 비자의 철학은 우리가 도덕의 밧줄에 묶인 인질이 될 필요는 없으며, 나의 잇속을 추구하는 데 대해 불안이나 불편을 느낄 필요도 없고, 내 안의 잔혹에 대해서도 낙담할 필요가 없다는 사실을 일깨울 뿐이다.

잔혹은 위선군자들에게 대항하는 무기가 되고, 직장 내 불의나 불공평을 깨뜨리는 용기가 될 수도 있다. 보통의 동양인들은 대립과 충돌을 두려워해서 억지 조화를 감내하려는 경향이 크다. 이는 직장 내 따돌림이나 괴롭힘을 심화시킬 뿐이며, 위선군자들의 위세만 북돋울 뿐이다. 그러나 직장 내에 잔혹이 존재한다고 해서 치를 떨며 분개할 필요는 없다. 그건 그냥 인간 본성의, 이 사회의 진상(眞相)일 뿐이다. 유가학설에서 이상적으로 그리는 도덕적 사회도 실현 불가능하진 않을 것이다. 그러나 그 전에 인간에게 있는 사리 추구의 마음을 인정하고 적극적인 태도로 협상, 협력할 필요가 있다. 그래야 진정으로 인의예지가 충만한 상태를 만들 수 있다.

우리는 한비자의 철학을 통해 잔혹은 일종의 덕행이며, 우리 자신의 미래를 아름답게 만들어줄 용기이기도 하다는 점을 배웠다. 진정으로 공평하고 정의로운 미래를 만들고 싶다면, 잔혹은 그 과정에 반드시 있어야 할 필요악, 심지어 선한 미래를 창조하기 위해서도 꼭 필요한 요소다.

그러니 조금 더 잔혹해져도 좋다! 잔혹에 온기를 더해 다시 그 잔혹을 상대할 수 있다면 더더욱 좋다!

쩡웨이제

한비자 韓非子, 기원전 280?~233?

법(法), 술(術), 세(勢)를 하나의 철학체계로 통합, 법가사상을 집대성한 것으로 알려져 있다. 그러나 그의 학술은 법가에 국한되지 않으며 유가와 도가는 물론 황로학(黃老學, 한대 초기에 유행한 법가와 도가의 융합 사상. 황로는 황제와 노자를 가리킨다. – 옮긴이)까지 아우른다.

사실 한비자의 사상은 군왕에게 부국강병의 방책을 제안하는 일종의 정치철학이다. 그러나 《한비자》의 기저에 자리한 문제의식은 이기적 성향의 개체들로 이뤄진 국가에서 어떻게 사회질서를 구축할 것인가이며, 그 주된 방법은 이익을 구하고 손해를 피하는 인간의 성향을 이용, 상벌이라는 수단으로 목적을 달성하는 것이었다.

유가가 주류였던 사상적 전통에서 한비자의 철학은 사악한 학설로까지 치부됐다. 철학이라고 할 수 없다는 비판도 많이 받았다. 그러나 《한비자》는 고사와 은유를 통해 철학이념을 풀어낸 탁월한 저서다.

자신감
내가 삶을 컨트롤할 수 있다는 확고한 감각

장자

전체를 온전히 보라

만약 당신이 학력도 기술도 보잘것없지만 그럭저럭 회사 일은 할 수 있는 수준이라면? 버겁기만 한 업무, 나를 공격적으로 에워싸고 있는 동료와 친구들, 가족들 사이에서도 당신은 자신감을 유지할 수 있는가? 성형으로 뚝딱 미모를 얻고, 필사적으로 돈을 모아 막대한 부를 쌓고, 무슨 수를 써서라도 권력을 손아귀에 넣고, 갖은 노력으로 성공을 거두고 나면, 그러면 자신감도 자연스럽게 따라오는 걸까?

장자는 그런 식의 성공, 성취란 허망하고 일시적인 것이어서 진정한 자신감의 근원이 되기 어렵다고 말한다. 진정한 자신감은 우리가 생명을 온전하게 대할 때 비로소 얻어진다는 것.

매니큐어로 치장한 웬디의 손톱을 보는 순간, 메리의 입에서
탄성이 터져 나왔다.

"와, 꼭 수정같이 반짝거린다! 그 네일, 어디서 한 거야?"

"너도 보는 눈은 있구나! 이번에 대만에 새로 들어온 한국
브랜드의 네일숍이야. 다음에 같이 한번 가자."

부러움에 찬 메리의 눈빛을 보는 순간, 웬디는 스스로가 자
신감에 찬 여왕이 되어 타인을 자애롭게 돌보는 듯한 느낌이
들었다.

당신도 혹시 화장을 하는가? 같이 갈 이성이 있어야만 고급
레스토랑에서 식사할 엄두가 나는가? 옷은 반드시 유명 브랜
드로만 사 입는가? 어디에 가서든 돈은 넉넉히 있는 체하는
가? 배우자와 자녀가 당신의 말을 잘 들었으면 좋겠다고 생
각하는가?

화장을 하지 않고 나가면 안전감도 자신감도 들지 않아 웬

지 위축되는가? 명절 때나 외식을 할 때 같이 있을 사람이 있으면 그나마 체면이 덜 깎이는 것 같은가? 유명 브랜드의 옷을 걸치고 있으면 신분이 한 등급 올라간 듯한 느낌이 드는가? 차를 타고 나가서 거침없이 돈을 쓰면 스스로가 왠지 더 멋있게 느껴지는가? 자녀가 당신의 말을 잘 들으면 안심이 되고 만족스러운가?

그렇다면 조심해야 한다. 외부의 사물에서 비롯된 자신감은 겉에만 추가된 것이어서 박탈되기도 쉽기 때문이다. 민낯으로 거리를 걸어야 한다든가 더 이상 명품 브랜드 옷을 살 수 없게 되면, 아무도 당신이 하는 말 따위는 신경 쓰지 않는다면(권력의 감소) 당신은 아마도 공포나 의심, 원한, 질투의 감정에 사로잡혀 상대방 혹은 자기 자신에게 상처를 입히고, 당신에게서 감소된 것들을 되찾으려고 몸부림치게 될지도 모른다.

벗어날 방법이 없을까? 있다. 선진시대의 이야기꾼 장자를 만나러 가보자.

가난하지만 피폐하지 않은 이유

장자가 선진시대(先秦時代)의 철학자 중 가장 소탈하고 자신감 있는 인물이라면,《장자》는 중국철학 역사상 가장 많은 사랑을 받아온 철학책일 것이다. 이 책은 주로 우언의 방식으로, 이야기 사이사이에 감추어진 지혜의 말을 드러내고 있다. 가령 〈소요유〉에서는 붕새와 열자의 이야기를 통해 무위에 대해 말하고, 〈응제왕〉에서는 혼돈의 이야기를 통해 마음을 순수하고 깨끗하게 유지해야 한다고 말하며, 〈양생주〉에서는 뛰어난 솜씨로 소의 뼈와 살을 바르는 포정의 이야기를 통해 '양생의 묘'에 대해 말하는 식이다. 흥미진진한 이야기들이 추상적인 지혜를 생생하게 구체화한다. 장자의 고상함과 현명함이 빛을 발하는 부분이자, 장자가 널리 사랑받아온 이유다.

자신감이란 자신을 믿는 마음이 있다는 뜻이다. 그렇다면 믿는 마음이란 무엇일까? 내가 상황을 컨트롤할 수 있고, 감당 가능한 수준의 손실을 정확히 타산할 수 있을 때 생겨나는 확고부동한 감각이라고 할 수 있다.

그런데 언제든 박탈될 수 있는 외재적 사물이 제공하는 자신감이라면, 그런 자신감에 기대어 자아의 성장을 도모하기란 어려운 일이 아닐까? 우리에게 진정으로 확고부동한 감각을 줄 수 있는 것은 대체 무엇일까?

장자의 이야기를 들어보자.

어느 날 장자는 해진 옷에 낡은 짚신을 신고 위나라의 혜왕을 알현하러 갔다. 혜왕이 장자의 행색을 보고 물었다.

"선생은 어찌 그리 피폐하시오?"

그러자 장자가 대답했다.

"저는 가난할 뿐 피폐하지 않습니다. 글을 읽는 자에게는 배운 이치대로 행하지 못함이 피폐한 것이지요. 해진 옷과 낡은 짚신은 가난일 뿐 피폐함이 아닙니다. 다만 때를 만나지 못한 것뿐입니다."

이어서 그는 원숭이를 비유로 들며 이렇게 말했다.

"대왕께서는 나무를 타는 원숭이를 본 적이 있으십니까? 원숭이가 녹나무나 가래나무, 예장나무처럼 큰 나무들의 가지를 자유자재로 잡아타며 옮겨 다닐 때는 후예나 봉몽 같은 명사수라도 원숭이를 쏘아 맞힐 수 없습니다. 하지만 원숭이가 산뽕나무나 가시나무, 탱자나무, 구기자나무처럼 작은 나무들 사이에 있을 때는 조심조심 움직이며 여기저기 살피는 눈빛으로 두려워하며 몸을 떱니다. 이는 원숭이의 뼈와 근육이 유연함을 잃은 것이 아니라, 처신하기 불리한 환경 때문에 자유로이 몸을 움직일 수 없기 때문입니다."

사실 이 이야기에는 다음과 같은 풍자의 의도가 숨겨져 있다. 장자는 이어 이렇게 말한다.

"이렇게 사리에 어두운 임금과 혼란에 빠진 대신들 사이에 있으면, 피폐해지지 않으려 해도 어찌 그럴 수 있겠습니까? 은나라의 충신 비간이 주왕에게 간언하고자 했다가 심장을 도려내는 죽음을 당한 일이 이를 증명합니다."[1]

장자의 말은 이런 뜻이었다.

"당신들처럼 임금의 눈을 가리는 비겁하고 어리석은 관료들로 조정이 채워져 있으니, 나처럼 때를 만나지 못한 선비가 피폐하게 보일 수밖에 없지 않은가. 허나 나는 진리와 함께 있고, 그 진리가 모두 내 몸에도 있으니 천지와 나는 하나다. 그러므로 나는 가난하게 보일지언정 피폐하지 않다."

그런데 '천지와 하나'라는 것은 대체 어떤 감각일까? 장자는 "자신이 자연의 일부임을 이해하는 것"이라고 말한다.[2] 그런 사람은 자만하지도 않고 자신을 비하하지도 않는다. 나아가 "온 세상이 칭찬한다고 해서 우쭐하지도 않으며, 온 세상이 비난한다고 해서 기 죽어 슬퍼하지도 않는다. 안팎의 구분을 명확히 하고, 영욕의 경계를 뚜렷이 짓기에 그리 할 수 있는 것이다."[3]

온 세상이 당신을 칭찬하고 떠받든다고 들뜨거나 우쭐해하지 않고 온 세상이 당신을 비난해도 풀이 죽거나 슬퍼하지 않는다면, 당신은 바깥의 사물과 나의 경계를 명확히 구분하고 있는 것이다. 또한 무엇이 영광이고 무엇이 치욕인지 분별할 능력이 있는 것이다. 그러므로 모든 자신감은 결국 자기 자신에게서 오는 것이다.

자신감이 자기 자신에게서 오는 것이라면, 그 자기 자신은 내재적 무언가로 인해 '확고부동'해질 수 있는가? 그렇다면, 그러한 자신감의 원천은 무엇인가?

장자에게 있어, 그것은 자신의 시간(나이)과 공간(천지간)적 위치를 정확히 알고, 남들(혹은 사물들)과 나 사이의 관계를 명확히 분별하는 것이었다.

'조삼모사'의 진정한 의미

장자는 우리가 행복하게 살지 못하는 것은 스스로에게 족쇄를 씌우고 있기 때문이라고 생각했다. '~라면 이래야 하고, ~은 꼭 있어야 한다'는 식의 생각의 족쇄는 전부 자신이 스스로에게 들씌운 가상일 뿐이다.

조삼모사라는 말은 보통 의지가 굳지 못하거나 생각이 짧은 사람을 비웃을 때 쓴다. 그러나《장자》의 〈제물론〉 편에 실린 이야기에서 온 이 사자성어에는 더 깊은 의미가 있다. 사실 장자는 생과 사, 가능과 불가능, 옳음과 그름 등을 '상대적'

으로 볼 줄 알아야 모든 사물의 생성, 사멸이 서로 통한다는 것을 이해할 수 있다고[4] 말한 다음, 이에 부연해서 조삼모사 이야기를 한 것이었다.

어린 원숭이들은 자신이 먹을 도토리에 대해 아침에 세 개, 저녁에 네 개냐 아니면 아침에 네 개, 저녁에 세 개냐만을 볼 뿐 한 발 물러나 전체의 합을 볼 생각은 못했다. 그렇다! 그런 것은 한 발 물러나야만 볼 수 있는 것이다. 장자는 우리도 모든 것에 대해 한 발 물러나 전체 모습을 볼 수 있기를 바랐다. 삶은 그렇게 전체를 온전히 봐야 한다. 전체 모습을 봐야만 생과 사의 경계가 무너져 있음을 안다.

장자의 아내가 죽었을 때 장자의 친구인 혜시가 조문을 갔는데, 장자는 밥그릇을 두드리며 노래를 부르고 있었다. 부부 사이의 정이 있건만 어찌 아내가 죽었는데 노래를 부를 수 있느냐며 혜시는 장자를 나무랐다.

장자는 그런 혜시에게 자신이 노래를 부른 이유를 찬찬히 설명한다.

"아내가 죽었는데 나라고 어찌 슬프지 않았겠나. 하지만 생각해보니, 생명이 시작될 때 아내는 형체도 기(氣)도 없었지 않은가. 나중에야 혼돈 속에서 기로 변하고, 기는 형체가 되고, 그 형체가 생명을 얻은 것이지. 그런데 이제 아내는 죽었고, 그 죽음은 사계절이 끊임없이 바뀌는 것과 같은 변화일 뿐이네. 이제 아내는 천지자연이라는 넓은 방에서 잠들게 됐는데, 내가 그 옆에서 큰 소리로 울어댄다면 그것은 천명을 깨닫지 못한 것일 뿐이지 않겠나. 그래서 울지 않은 것이라네."[5]

여기서 말하는 천명이란 무엇일까? 사람은 하늘과 땅 사이에서 기, 형(形), 생(生), 멸(滅)이 순환하는 과정에 있다. 그러므로 그중 어느 한 단계에 대해서만 특별히 슬퍼할 일도 아니라는 의미다.

천지(공간)라는 관점에서 본다면, 외모나 재능도 일종의 집착일 뿐이다. 외모나 재능 같은 것들을 너무 중시하면, 나는 반드시 무엇무엇(역할 혹은 기능)이어야 한다고 생각하게 된다. 이런 종류의 자신감은 역할을 통해서만 긍정되기에, 그 무엇무엇이지 못하면 하늘과 운명을 탓하게 된다.

손수가 편경자라는 현인을 찾아가 이렇게 토로한 적이 있다.

"저는 고향에 있을 때 한 번도 '수양이 되지 않았다'는 말을 들어본 적 없고, 어려움을 당했을 때도 '용기가 없다'는 말을 들어본 적이 없습니다. 그런데 농사를 지으면서는 한 번도 풍년이 드는 해가 없었고, 임금을 섬기면서는 제대로 때를 만난 적이 없습니다. 고향에서는 배척을 당해 밀려나고, 어떤 고을에서는 쫓겨나기까지 했습니다. 저는 대체 하늘에 무슨 죄를 지은 것입니까? 저는 대체 왜 이런 운명을 맞닥뜨려야 하나요?”

편경자가 손수에게 말했다.

“자네는 지인(至人)이 어떤 수양을 했더란 말을 들어본 적이 있나? 지인은 몸 안 장기의 활동도 잊고, 눈과 귀를 통한 외부 세계에의 감각도 잊고, 세속의 바깥에서 아무 일 없는 듯 무심히 거닐 뿐이라네. 이를 두고 ‘일을 이루되 공을 내세우지 않고, 만물을 기르되 지배하려 하지 않는다’고 하지.”[6]

지인이 공을 내세우거나 다른 사물을 지배하려 하지 않을 수 있는 이유는 자신 또한 천지간의 일물(一物)에 지나지 않음을 알고 있기 때문이다. 그러나 이 일물은 천지와 하나다. 《장자》의 〈덕충부〉 편에는 다리 하나가 잘린 왕태라는 사람이 나온다. 그는 비록 다리 하나가 잘렸지만, 장자는 공자의 입을 빌려, 왕태가 그의 스승보다 명성이 높은 이유를 이렇게 설명한다.

“눈이나 귀 같은 감각기관의 제한을 받지 않고, 자유롭게 덕을 행하며, 모든 사물의 전체 모습을 볼 뿐 자신이 무엇을 잃었는지는 보지 않는다. 그러므로 그는 자신의 다리 하나를 잃은 것에 대해서도 흙덩이 하나가 떨어져나간 정도로 여기

는 것이다.[7]

전체의 모습이라는 관점에서 보면 생과 사의 구분도 무너진다. 만물은 단지 시간의 순환 속에서 모습이 바뀌어갈 뿐이다. 형체라든가 집착 같은 것은 불필요한 것이다. 만물이 천지와 하나인 거대한 공간에서, 모든 종류의 집착이란 한낱 웃음거리에 지나지 않는다.

《장자》〈지북유〉편에서 묘사하고 있는 그대로다.

"천지간에서 사람의 삶이란 벽의 작은 구멍을 통해 말이 달리는 모습을 보는 것처럼 한순간에 지나가버리는 일이다."[8]

감정으로 몸을 상하게 하지 말 것!

사람과 사람 사이의 관계에 대해 장자는 무정(無情)이라는 개념을 제시한다. 장자가 말하는 정(情)은 외부의 사물을 대할 때 생겨나는 좋아하거나 싫어하는 감정이다. 그러므로 무정이란, 좋아하거나 싫어하는 감정으로 자신의 몸과 마음에 해를 입히지 않고, 자연에 순응할 뿐 인위적으로 뭔가를 더 하려고 하지 않는 것이다.

《장자》〈덕충부〉편에 나오는 장자와 혜시의 대화를 보자.

"내가 감정이 없다고 말한 것은 좋아하거나 싫어하는 감정으로 자기 몸을 상하게 하지 말고, 있는 그대로의 자연을 따를 뿐 무리하게 삶을 늘리려 하지 않는 것이네."

장자의 말에 혜시가 물었다.

"삶을 늘리려 하지 않고 어떻게 그 몸이 있을 수 있단 말인가?"

장자가 대답했다.

"자연의 도가 내 모습을 빚고 하늘이 나에게 형체를 주었다면, 내가 좋아하거나 싫어하는 감정으로 그 몸을 상하게 해서는 안 된다는 말이네. 지금 자네는 밖으로만 정신을 쏟고 정력을 수고롭게 한 탓에, 나무에 기대어 끙끙대고 앉은뱅이 책상에 엎어져서는 비몽사몽하고 있지 않은가. 하늘은 그대에게 형체를 잘 갖추어 주었는데, 자네는 쓸데없는 논쟁이나 하고 있지 않느냐는 말일세!"

장자는 혜시에게 무엇이 그리 의기양양하냐고 물은 적이 있다. 딴에는 사람들과의 논쟁으로 자신감을 얻었다고 생각할지 모르지만, 그런 건 심신에 해를 입히는 노릇에 지나지 않는다면서.

한순간 이기고 전체 판에서는 지는 것. 바꿔 말하면, 무정이란 전체의 관점으로 돌아가 다시 바라보라는 뜻이다. 그러므로 자신감은 심성을 수양하는 방식이기도 하다. 장자는 허구의 이야기를 통해 심성 수양의 최고 경지에 대해 말한다.

하루는 공자가 찾아왔다가 노자가 머리를 감고 가만히 서서 말리는 모습을 보게 된다. 그런데 꼼짝 않고 있으니 살아 있는 사람 같지 않을 정도여서 공자는 흠칫 놀라기까지 한다. 공자는 잠시 기다렸다가 노자에게 다가가 말했다.

"제가 눈이 어두워 잘못 보았을까요? 본 그대로 믿어도 되겠는지요? 조금 전 선생의 형체는 고목처럼 뻣뻣하여, 바깥의 사물들을 잊고 사람들을 떠난 채로 홀로 서 있는 것 같았습니다."

그러자 노자가 말했다.

"나는 만물의 시초로 돌아가 노닐고 있었던 것입니다."

공자가 좀 더 자세한 가르침을 청하자, 노자는 이렇게 말한다.

"풀을 먹고 사는 짐승들은 풀이 바뀌는 것을 걱정하지 않고, 물에 사는 벌레들도 물이 바뀌는 것을 걱정하지 않습니다. 작은 변화가 큰 법칙에 영향을 미치지 않음을 알기 때문이며, 그 때문에 희로애락의 감정이 그들의 마음속에 들어가 있지 않기 때문입니다.

천하는 만물이 공존하며 살아가는 터전입니다. 몸이 언젠가 먼지로 돌아간다 해도 삶과 죽음이 낮과 밤 바뀌듯 교차되는 이치는 달라지지 않을 것입니다. 하물며 득실이나 화복(禍福) 같은 사소한 일인들 그렇지 않겠습니까.

득실이나 화복을 진흙 던지듯이 던져버릴 수 있는 것은 자신이 그러한 외부의 것들보다 더 귀하다는 것을 알기 때문입니다. 더 귀한 것이 자신에게 있다면 외부의 것들 때문에 바뀌는 일도 없을 것입니다.

만물의 변화에는 그침이 없는데, 따로 걱정할 일이 무엇입니까? 이미 도를 얻은 사람은 이러한 진리를 알 수 있습니다.”

그렇다면, 장자가 말하는 자신감은 무엇으로부터 오는가?

천지 만물이 하나라는 이치를 이해하고, 전체를 온전히 보는 관점으로 생명을 대하는 데서 온다. 이로써 그 어떤 외부 사물의 변동도 그에게는 근본적으로 영향을 미칠 수 없고, 그 어떤 언어도 그에게 해를 입힐 수 없게 된다.

자신감은 내 밖이 아니라 내 안에서

당신이 천지 만물이 하나임을 이해함으로써 시공의 제한을 받지 않고 전체를 보는 관점으로 생명을 대한다면, 당신의 삶은 어떻게 표현될까?

장자는 그것이 바로 무위라고 말한다.

《장자》〈대종사〉 편에서는 진인(眞人)에 대해 다음과 같이 묘사한다.

"옛날의 진인은 역경을 거스르지 않고, 성공을 뽐내지 않으며, 억지로 일을 꾸미지 않았다. 이런 사람은 실패하더라도 후회하지 않고, 잘돼도 득의양양하지 않는다. 높은 곳에 올라도 두려움에 떨지 않고, 물에 빠져도 젖지 않으며, 불 속으로 들어가도 뜨거워하지 않는다. 지혜가 도에 이르면 이러하다. 진인은 잠을 잘 뿐 꿈은 꾸지 않았고, 깨어 있을 때는 걱정이 없었다. 지나치게 단 음식을 찾지 않았고, 숨은 매우 깊이 쉬었다. 진인은 발뒤꿈치로까지 숨을 쉬건만, 다른 사람들은 목구멍까지만 숨을 쉴 뿐이다.

사람들은 논쟁할 때면 숨이라도 넘어갈 듯 헉헉대다가 결국은 말을 잇지 못한다. 이것은 다 그들의 욕망이 너무 깊어서다. 그에 비해서 하늘에 대한 지혜는 터무니없이 얕다. 욕심이 너무 깊은 사람은 타고난 기틀이 천박하다.

옛날의 진인은 산다고 기뻐하지 않고 죽는다고 싫어하지 않았다. 세상에 태어났다며 떠들어대지 않고, 죽음을 거역하지도 않는다. 무심히 왔다가 무심히 갈 뿐이다. 만물의 시초를 잊지 않으며 생명의 한계도 개의치 않는다. 생명의 시작을 잊지 않고, 억지로 끝을 내려 하지도 않는다. 삶을 받으면 기꺼이 누리다가 생명을 잃으면 자연으로 돌아간다.

마음으로는 도를 생각하고, 억지 노력으로 하늘을 돕겠노라 하지 않는다. 이런 사람을 진인이라 한다."[9]

전체를 온전히 보는 관점으로 나와 천지 사이의 관계를 대하면, 모든 제한은 결국 내가 나에게 가한 것이었음을 알게 된다.

〈지북유〉 편에서 장자는 세상 사람들이 사물의 양면을 온전히 보지 못하기에 스스로에게 제한을 가한다고 탄식한다.

"슬프구나! 세상 사람들이란 그저 외부 사물을 맞아들이고 떠나보내는 여관일 뿐이구나. 자신이 맞닥뜨린 것은 알지만 맞닥뜨리지 못한 것은 알지 못하며, 할 수 있는 것만 할 수 있고 할 수 없는 것은 하지 못한다. 알지 못하는 것과 할 수 없는 것은 사람으로서는 피할 수 없는 일이건만 억지로 피하려고만 하니 얼마나 슬픈 일인가!"

외부의 사물을 내 존재의 근원으로 삼아서는 자신감이 생길 수 없다. 당신은 안티 에이징이 당신 삶에 많은 이점을 가져다주리라고 생각할 수 있지만, 그 이점은 가상적이며 일시적이라는 사실은 알지 못하고 있는 것이다. 금전이나 권력으로 얻은 자신감은 더더욱 찰나적이다. 그런 것들은 당신의 마음을 시도 때도 없이 외물에 끌려 다니게 하여 몸과 마음을 상하게 한다. 이것은 삶을 손상시키는 것일 뿐이다.

혹은 누군가와의 관계를 통해서만 자신감을 얻는다면, 좋아하거나 싫어하는 감정에 빠져 심신을 소모하게 된다. 그보다는 장자의 '무정'이 가져다주는 진정한 자신감에 마음을 열어보는 것은 어떨까.

전체를 온전히 바라보는 관점으로 자기 자신을 대하는 법을 배워보자. 그때의 자신감은 허구의 자아팽창이 아니라, 생명의 지혜로 충만한 역량이다.

쑤즈잉

장자　　　　　　　　　　　　　　**莊子, 기원전 369?~286?**

본명은 장주(莊周)로 도가를 대표하는 인물이다. 맹자와 동시대 인물이지만 맹자와는 알지 못했다. 장자는 노자의 무위자연(無爲自然, 인위적 도덕이나 강요, 욕망을 더하지 않고 자연의 순리에 따라 일이 이루어지도록 함-옮긴이)을 계승하며, 더 나아가 편견이나 얽매임에서 벗어나 자유롭게 노니는 소요유(逍遙遊) 개념을 발전시켰다. 풍자 혹은 교훈적인 이야기인 우언(寓言)의 방식으로 철리(哲理)를 설명하고 있는 《장자》는 《사고전서(四庫全書, 청대에 편집된 일종의 총서-옮긴이)》의 〈자부류(子部類)〉에 수록돼 있다.

낙담
어떤 일이 있어도 나 자신을 잃지 않기

공자

내 가치는 내가 부여한다

상사의 요구를 만족시킬 수 없거나 상사의 지시 속도를 따라갈 수 없을 때, 당신이 일하는 방식이나 제안이 받아들여지지 않을 때면 당신도 낙담하는가? 현대 사회의 비즈니스는 빠른 속도로 변하고 있는 데다 업무의 난도도 높아져만 가고 있어서 업무상으로 좌절감을 느낄 때가 많다.

공자의 철학을 통해 '낙담'을 들여다보자. 공자는 진실한 자기 대면에 대해 이야기한다. 우리는 스스로의 위치를 명확히 인식할 때 비로소 부정적 정서의 영향을 받지 않을 수 있게 된다.

그에게는 사장에게 소개하고 싶은 멋진 아이디어가 있었다. 우수한 직원들을 선별하여 능력을 향상시키고, 사내 업무 분위기도 진작시킬 수 있으며, 고객이나 거래처와의 재계약율도 높일 수 있는 경영 모델이었다. 이것을 도입만 하면 최고의 '윤리적 기업'으로도 도약할 수 있다고 그는 자신해 마지않았다.

그러나 이 아이디어의 최대 단점은 경영자가 회사의 이익을 최우선으로 고려해서는 안 된다는 점이었다.

"뭐야? 이 살벌한 경쟁판에서 이익을 최우선으로 고려해서도 안 된다고? 이익을 포기해도 좋은 회사가 어디 있어?"

그렇다. 그의 아이디어는 경쟁을 통해 이윤을 얻어야 하는 다른 비즈니스 모델과는 맞지 않는 것이었다. 더욱이 구조를 개혁해야 한다니. 어느 회사든 구조 개혁 직후에는 한동안 재정 상황이 열악해진다. 더욱이 그가 말하는 직원 능력 향상이나 사내 분위기 진작은 단기간에 나타날 수 없는 변화였다.

사장이 말했다.

"자네 아이디어를 따랐다가는 경쟁 업체들을 상대할 수가 없네. 그러다 우리 회사가 다른 데 넘어가기라도 하면?"

"그런 일은 절대 일어나지 않는다고 장담할 수 없습니다만, 만약 그런 일이 일어나도 이 회사는 이미 독보적 가치를 창조한 뒤일 것입니다!"

당연한 일이겠으나, 그는 대답을 마치기도 전에 사장실에서 쫓겨났다.

그럼에도 그는 단념하지 않고 또 다른 회사를 찾아갔다. 정문으로 들어갈 수 없으면 파이프라인을 타고서라도 사장실로 들어갔다. 이런 식으로 그가 찾아간 회사들을 다 합치면 〈전국 기업 지도〉까지 작성할 수 있을 정도였다. 그러나 결과는 항상 똑같았다. 그는 하려던 말을 마치기도 전에 사장실 밖으로 쫓겨나버렸다.

당신이 이 남자라면 가는 데마다 아이디어를 거절당했는데 낙담하지 않을 수 있겠는가?

"세상에, 이 좋은 아이디어를 단 한 명도 이해하지 못하다니!"

이런 탄식만 나오지 않겠는가?

낙담한다고 포기하는 것은 아니다

낙담이란 뭔가를 구하고 기대했던 마음, 인정을 얻고 싶은 마음이 있었기에 생겨나는 것이다. 그러나 아무리 노력해도 보상이 없으면 마음속에서는 스스로에 대한 회의가 생길 수밖에 없다. 살면서 누구나 한 번은 이런 감정을 느끼게 마련이다. 좋아하는 이성에게 공을 들였지만 보기 좋게 차였을 때, 정말 열심히 공부했는데도 성적이 오르지 않을 때, 고객이나 상사에게 노력을 인정받지 못할 때, 가족들에게조차 꿈과 이상을 이해받지 못할 때 우리는 낙담이라는 감정에 휩싸인다.

지금 낙담하고 있다면, 보상이나 응답을 바라다가 그 바람이 이뤄지지 않은 것이다. 그 바람이 끝끝내 이뤄지지 않아 포기해버린다면 어떻게 될까? 그때는 '받아들일 수 없다'거나 '어쩔 수 없다'는, 또 다른 정서적 상태가 된다. 받아들일 수 없다거나 어쩔 수 없다는 상태는 완전히 포기했다는 것을 의미한다.

하지만 낙담은 기대의 좌절을 의미할 뿐 완전한 포기나 현실과의 타협을 의미하지는 않는다. 그래서 낙담은 영화에서 관객들에게 깊은 인상을 남기는 요소가 될지 몰라도, 영화의 결말이 되기는 힘들다. 낙담은 중간에 잠깐 지나가는 과정일 뿐 누구도 긴 시간을 들여 묘사하고 싶어 하진 않는다. 낙담이라는 상태를 구구절절 묘사하는 것은 지루하기 짝이 없기 때문이다. 그러나 우리는 현실에서 시시때때로 낙담을 경험한다.

워킹맘은 퇴근하자마자 아이가 온 집 안에 늘어놓은 장난감을 보며 망연자실하지만, 아무런 보람도 성취감도 없이 장난감을 정리할지언정 육아를 포기하진 않는다. 해마다 소수점 이하의 점수 차로 국가고시에서 낙방하는 수험생은 자신에 대한 의심과 미래에 대한 불안으로 낙담할 수 있지만, 소수점 이하의 점수 차만 극복하면 합격할 수 있다는 생각에 다시 도전한다. 도저히 상사의 요구를 만족시킬 수 없는 직원도 낙담에 빠지지만 그래도 회사생활을 지속하기로 마음먹는다. 오랫동안 병마와 씨름해온 환자는 치유의 희망과 불치의 공포가 교차하는 가운데 낙담에 빠질 수 있지만, 그래도 죽는 것보다는 살아있는 게 낫다고 여긴다. 결혼이나 자녀를 원했지만 뜻대로 되지 않았을 때는, 즉 외재적 이유의 낙담에는 그래도 일말의 희망이 있다. 다음엔 가능하지 않을까라는 기대를 한 번 더 품을 수 있기 때문이다.

와서, 공자를 배우라

역대의 중국 철학자들은 성왕의 치세를 구현하고자 했지만, 그들의 바람은 번번이 좌절됐다. 그들도 낙담에 빠졌을까?

도연명(陶淵明, 약 365~427년)의 유명한 시구, "동쪽 울타리 아래서 국화를 따다가 한가로이 남산을 바라보노라"는 은자(隱者, 세상사에서 물러나 숨어 사는 사람-옮긴이)가 전원을 바라보는 모습을 묘사한 것이라고들 한다. 하지만 좀 더 깊이 들여다보면 꼭 그렇지만도 않다. 특히 황제의 은유인 '남산'에는 황제의 부름을 받지 못한 도연명의 울분이 담겨 있다. 조정을 떠나 시골에 머물고 있던 그는 이따금 자신의 남산을 떠올렸던 것이다. 도연명이 진정으로 표출하고 싶었던 것은 다름 아닌 낙담의 심경이었다.

조정에 대한 실망과 낙담은 중국의 문인지사라면 필연적으로 맞닥뜨리는 결과다. 스스로에 대한 도덕적 기준이 높았던 그들은 부패한 관료사회에서 원만하게 타협해가며 어울릴 수 없었다. 명대의 철학자이자 문무에 두루 능했던 왕양명은 학문에서만이 아니라 전쟁터에서도 혁혁한 공을 세웠으나, 환관의 음해로 태형 40대라는 벌을 받고 황궁에서 멀리 떨어진 지방의 말단 관리로 좌천되고 말았다. 이 얼마나 답답하고 울적한 일이었을까.

그러나 답답함과 울적함으로 치자면 공자를 따를 사람도 없다. 이 글의 서두에 나오는 이야기는 공자가 자신의 정치적 이상을 이루기 위해 여러 나라를 돌아다닌 이야기를 현대적으로 각색한 것이다. 공자는 정치적으로는 뜻을 이루지 못했지만 정신과 인격의 차원에서 큰 성취를 남겼고, 이에 후대에는 '소왕(素王, 왕은 아니지만 임금의 덕망이 있는 사람-옮긴이)'으로도 불렸다. 여기서 한 가지 흥미로운 부분은, 꿈을 이루지 못한 '루저' 공자가 다시 앞으로 나아가도록 만든 원동력이 무엇이었을까 하는 것이다. 저렇게까지 '낙관 과잉'일 정도면 머리에 문제가 있었던 것은 아닐까? 설마. 공자는 아시아 버전의 포레스트 검프[1]였는가?

이 모든 의문에 답을 찾아보자.

〈학이〉 편이 《논어》에서 가장 처음에 나온다는 건 〈학이〉 편이 《논어》 편저자의[2] 마음에서 얼마나 중요한 위치를 차지했는지 보여준다. 이는 또한 공자가 인생에서 가장 힘써야 할 것으로 무엇을 강조했는지 간접적으로 공지하는 것과 같다. 그리고 이 안에, 낙담을 해소할 수 있는 처방약이 들어 있다.

〈학이〉 편 처음에 나오는 "사람들이 나를 알아주지 않아도 원망하지 않는다면 어찌 군자가 아니겠는가!"라는 문구와, 말미에 나오는 "남이 나를 알아주지 않음을 걱정하지 말고, 내가 남을 알아주지 못함을 걱정하라"는 문구는 그 메시지가 서로 호응하고 있다.

이 두 문구가 의미하는 바는 무엇일까?

"사람들이 나를 알아주지 않아도 원망하지 않는다면 어찌 군자가 아니겠는가!"는 배움[學]이라는 맥락에서 이해해야 하므로, 그 앞에 나오는 문구와 같이 봐야 한다.

"배우고 때맞추어 그것을 익히면 기쁘지 아니한가? 벗이 있어 먼 데서까지 찾아온다면 즐겁지 아니한가? 사람들이 나를 알아주지 않아도 원망하지 않는다면 어찌 군자가 아니겠는가!"

요즘 식으로 표현하면, 아마 이런 말이 될 것이다.

당신이 배운 것을 그때그때 실천할 수 있으니 정말 기쁘지 않은가? 당신의 학문에 의견을 같이하는 친구들이 멀리서도 찾아오니 정말 즐겁지 않은가? 그런데 당신의 학문을 실천할 수도 없고, 당신과 생각을 같이하는 친구조차 없다 해도, 그런 걸로 화를 내선 안 되지. 그런 것은 군자답지 않은 것이다.

생각해보라. 당신의 전공 분야에 해당하는 프로젝트가 있다면, 당신은 그동안 연마한 학문이나 기술을 활용할 수 있다. 뿐만 아니라 그 과정에서 당신의 이상도 실현할 수 있으니 분명 기쁜 일이다. 그러나 아직 기회도 얻지 못했고 전공 실력을 발휘할 곳도 없지만, 당신의 이상에 동조하고 당신의 재능을 알아주는 이들이 있다면, 그래도 어느 정도 만족할 수 있을 것이다. 그런데 능력을 펼칠 곳도 없고, 당신의 실력을 알아주고 인정하는 사람도 없다면, 그때도 낙담하지 않을 수 있을까?

그런 상황에서도 마음이 편한 사람은 없을 것이다. 특히 반드시 하고 싶었던 어떤 일이 있었던 사람이라면 더더욱 견디기 어려울 것이다. 그러나 공자는 말한다. 그런 상황에서도 세상을 원망하지 않고 화내지 않으면서 해야 할 일을 묵묵히 해나간다면, 그것이 바로 군자다운 것이라고.

낙담하지 않을 수 있는 비결

그런데 그게 어떻게 가능할까? 자기 자신을 잃지 않으면 가능하다. 꿈을 펼칠 기회나 타인의 인정은 모두 외부에서 오는 것들이다. 우리는 보통 이런 것들을 통해 성취를 경험하므로 그저 매력적이라고만 느끼기 쉽다. 그러나 이 모든 것은 어디까지나 외부에 있는 조건일 뿐이라는 사실을 잊어서는 안 된다. 가치를 창조하는 동력은 우리가 내면에 견지하고 있는 원칙, 꿈에 대한 초심에 있다. 초심을 잃지 말라는 당부가 의미하는 게 바로 이것이다.

여러 나라를 돌아다니며 인을 최고의 원칙으로 삼을 것을 제안하던 공자는 모든 나라의 군왕에게 거절당했다. 제삼자가 그 모습을 봤다면 공자가 죽을 만큼 낙담했으리라 생각할 것이다. 정말 그랬을까?

안타깝게도 우리는 인터뷰를 통해 공자의 말을 들어볼 수가 없다. 하지만 남아 있는 기록으로 추측해보건대 공자는 전혀 낙담하지 않았다. 다만 인이라는 덕목은 국가를 통치할 때나 타인을 대할 때 반드시 추구할 만한 가치가 있는 것인데 이를 이해하는 사람이 아무도 없다는 사실을 진심으로 아쉬워했다.

어떤 사람들은 그런 가치가 너무 멀고 높게만 느껴진다며 포기해버렸다.[3] 또 어떤 사람들은 그런 원칙이 난세에 적용하기에는 너무 이상적이라고 생각했다.[4]

사실 인이란 증자(曾子, 기원전 505~435)의 말대로 세 가지만 똑바로 실천하면 되는 것이다. "나는 날마다 나 자신에 대해 세 가지 반성을 한다. 남과 더불어 일을 도모하는 데 불충하지는 않았는가? 벗과 교유하는 데 신뢰를 잃지는 않았는가?

스승에게서 배운 바를 제대로 익히지 못하지는 않았는가?"**5**

즉 그 세 가지란 충(忠, 남과 더불어 어떤 일을 할 때 나의 책임을 다하는 것), 신(信, 벗과 어울릴 때 말한 대로 행동하는 것), 겸하(謙下, 뭔가를 배울 때 따로 사견을 보태지 않고, 상대가 전수하는 것을 있는 그대로 받아들이는 것)다. 이 세 가지 기준으로 스스로를 돌아보면서 자신을 바로잡아가고 타인의 입장에서도 생각할 줄 안다면, 그것이 바로 인이다.

하지만 증자가 말하는 이 세 가지를 실제로 실천한다는 것이 그렇게 쉬운 일이던가?

또한 진정한 인자는 "지혜로운 사람은 미혹되지 않고, 어진 사람은 근심하지 않고, 용감한 사람은 두려워하지 않는"**6** 모습일 것이다. 이 말을 요즘 식으로 풀면 다음과 같지 않을까.

지혜로운 사람은 모든 일의 전후인과를 두루 통찰하기에 마음에 의혹이 없고, 어진 사람은 삶의 원칙을 뚜렷하게 이해하고 있기에 사람들과 어울릴 때나 어떤 일을 고려할 때도 근심걱정이 없다. 용감한 사람은 자신이 할 수 있는 일과 할 수 없는 일을 정확히 알고 있기에 선택 앞에서 두려움이 없다.

여기서는 '지자'와 '인자'와 '용자'를 구분하고 있지만, 실질적으로는 진정한 인자라면 능히 갖추고 있을 만한 자질이다. 중요한 건 자기 자신을 알고 있어야 한다는 것이다. 자아를 진솔하게 대면하고, 외부의 요소로 인해 자기 자신을 잃어버리지 않는 것. 그래야만 외부 환경이 순조롭지 않더라도 다시 자신의 원칙을 대면함으로써 복잡한 마음을 내려놓을 수 있다.

이로써 모든 동기는 우리 스스로 부여하게 되며, 모든 것은 우리 자신과의 싸움이 된다. 나의 가치가 어디에 있는지 알고 있는 사람은 나 자신 외에 아무도 없기 때문이다.

공자는 낙담에 대해 우리에게 이렇게 말한다. 당신의 가치는 남이 정의하는 것이 아니고, 당신이 당신 자신에게 긍정하는 것이며, 당신이 스스로에 대해 어떻게 생각하느냐에 달려 있다고.

그러므로 당신의 꿈에 가치가 있다고 생각한다면, 그 관점을 그대로 밀고 나가도 좋다. 그토록 가치 있는 아이디어라면, 한 사람이라도 더 많이 알아야 하지 않겠는가? 혹 낙담하는 일이 생기면 표현이나 어필의 방식을 바꿔보라. 그런 다음 어깨 위의 먼지는 훌훌 털어버리고, 다시 한 번 힘차게 무대 위로 올라라!

당신은 스스로에게 가치를 부여했는데 남들은 이해하지 못한다면, 당신의 논지에 빈 구멍은 없는지, 당신이야말로 남들의 관점을 제대로 이해 못하는 건 아닌지, 자신만의 작은 세계 안에서 혼자만 들떠 흥분했던 건 아닌지도 같이 살펴보라.

타인의 관점을 온전히 이해하고 있으면, 그들이 문제를 제기할 때 단순히 감정적으로 인정하지 않는 것인지 아닌지를 분명하게 파악할 수 있다. 만약 전자라면 그들의 반응을 마음에 담아둘 필요가 전혀 없다. 이것이 바로 "남이 나를 알아주지 않음을 걱정하는" 단계에서 "내가 남을 알아주지 못함을 걱정하는" 단계로 넘어가는 과정의 진정한 의미다.

시작과 끝이 일관된 메시지로 이루어진 《논어》의 〈학이〉 편이 말하고 있는 중요한 원칙은 이렇다. 나 자신과 타인을 진실한 태도로 대면해야 하며, 타인의 입장에서 생각해보는 동시에 나 자신의 관점도 다시 돌아볼 줄 알아야 하고, 마지막까지 초심을 견지함으로써 나 자신을 잃지 말아야 한다.

바로 이것이 공자가 제시하는 낙담 치료의 처방전이다.

쑤즈잉

> **공자**   **孔子, 기원전 551?~479?**
> 노나라에서 태어난 공자는 유가의 창시자다. 유가에서는 인(仁)을 강조하며, 유가의 지식인들은 군자라는 모범을 따르고자 했다. 《논어》는 공자의 언행을 제자들이 모아 엮은 책이다.

분노
당신의 분노는 합당한가

맹자

분노의 사무실

상사나 동료들이 일을 처리하는 방식을 보고 있자면 분노가 치밀어 오를 때가 있지 않은가? 분노는 일상에서 어떤 일이 순조롭게 진행되지 않을 때 흔히 뒤따르는 감정이다. 그렇지 않아도 감정 조절이 어려운 사람이라면, 약간의 분노를 자극당하는 것만으로도 불같이 화를 내기 쉽다. 그러나 맹자의 철학에 따르면, 합당한 분노는 의로운 분노일 뿐 아니라 꼭 필요한 것이기도 하다. 합당한 분노란 대체 어떤 것일까? 궁금하다면 맹자의 철학을 그냥 지나쳐서는 안 된다.

그날 아침은 사무실 분위기가 날카롭고 팽팽했다. 위즈와 웨쉰, 두 사람은 서로를 노려보고 있었고 다른 직원들은 아무 말도 못한 채 두 사람을 에워싸고 있었다.

위즈가 잔뜩 날이 선 목소리로 말했다.

"보고서가 이게 뭐야? 왜 내가 가르쳐준 대로 안 했어?"

웨쉰이 어처구니없다는 듯 대답했다.

"이게 원래 회사 규정에 맞는 거죠. 제가 왜 선배님의 틀린 방식을 따라야 하죠? 게다가 이건 저한테 가장 효율적인 방법을 적용한 거라고요. 왜 굳이 맞지도 않고 비효율적인 방식으로 일을 하라는 거예요?"

위즈는 분노가 머리끝까지 치밀어 올랐다.

"넌 신입이고 난 사수야. 대체 이게 어디서 배워먹은 태도야?"

웨쉰이 다시 받아치려는 찰나, 누군가가 끼어들어 그녀를 말렸다.

이날 이후 상사의 조정으로 웨쉰과 위즈는 각자 새로운 부서에서 새로운 업무를 배정받았다.

분노는 나쁘기만 할까

한 심리상담가는 "분노는 인류의 가장 표층에 있는 정서로, 그 이면에는 온갖 요인에서 비롯된 수많은 이야기가 숨어 있다"고 했다. 서로가 기대하는 바가 다른 것에서부터 오해, 배신, 사기, 질투, 심지어 존중받지 못하는 것에 이르기까지 우리가 분노하는 이유는 다양하다. 어떤 사람은 인내심이 커서 혹은 수양이 깊어서 쉽게 분노하지 않을 수도 있지만, 그들도 마지막 인내가 바닥나면 누구보다 무섭게 폭발한다. 이런 경우에는 무슨 수를 써도 충돌을 피할 수 없다.

사람들은 분노를 좋게 보지 않는다. 분노라는 감정은 일의 진척을 어렵게 하고 결과도 망쳐버리기 십상이기 때문이다. 화가 났을 때는 어떤 결정도 내리지 말라는 소리도 있지 않은가. 그런데 분노는 다 나쁜 것일까? 혹시 좋은 점은 없을까? 분노가 전적으로 불필요한 것이라면, 제대로 화낼 줄 아는 사람은 건강하다는 말이 왜 있는 것일까?

사실 문제는 분노 자체가 아니라 어떻게 분노하느냐에 있다. 분노란 배를 띄울 수도 뒤집을 수도 있는 물과 같다. 우리가 언제 분노해야 하는지를 명확히 안다면, 분노로 인해 일을 망치는 게 아니라 오히려 예상치 못한 효과를 얻을 수 있다.

분노는 전적으로 나쁘기만 한 것이 아니다. 더욱이 절절한 감정 표현과 분출로서의 분노는 심리적 건강에도 유익하다. 분노할 줄 모르는 사람은 사실상 존재하지 않거나, 미치광이가 돼 있을 가능성이 높다.

당신의 분노는 꼭 필요한 분노인가

중요한 것은 화를 내느냐 안 내느냐가 아니라, 그 분노가 얼마나 합리적이냐다. 사람들은 대부분 유가에서는 분노를 나무라기만 할 거라고 생각한다. 그러나 적어도 맹자는 분노를 나무라지 않는다. 다만 불합리한 분노를 나무랐을 뿐이다. 그렇다면 불합리한 분노란 무엇인가? 이를 알려면 먼저 의(義)란 무엇인가부터 이해해야 한다.

맹자는 "의는 마땅함이다"라고 말한다.[1] 여기서 마땅함이란 모든 사람과 사물이 존재해야 할 가장 합리적인 지점이다.

맹자는 분노해야 할 기준으로 의를 제시했다. 즉 의가 어디에 있는지가 분노의 가치를 결정하고, 어떤 이유로 분노하는지가 그가 어떤 사람인지를 말해준다.

맹자는 사람을 대인과 소인으로 나눈다.[2] 자신의 사욕만을 따르는 자가 소인이라면, 대인은 사욕을 이겨내고 예와 의를 따르는 사람이다. 분노 또한 대노(大怒)와 소노(小怒)로 나눌 수 있다.[3] 맹자가 제나라 선왕에게 말한, 문왕과 무왕의 분노가 천하의 백성들을 편안케 할 수 있었던 것은 그들의 분노가 사욕에서 나온 것이 아니라 예와 의에 따른 대노였기 때문이다.

사무실이건 다른 어떤 장소에서건, 우리는 분노할 수 있다. 다만 그 분노는 반드시 대노, 즉 의로운 분노여야 한다. 혹은 이치에 합당한 분노여야 한다. 이치에 합당하지 않은 분노라면 표출하지 않는 것이 가장 좋다.

혹자는 "의로운 분노, 이치에 합당한 분노라는 게 그렇게 중요한가?"라고 물을 수도 있겠다. 직장에서 마찰은 비일비재하게 일어나고, 그 과정에서 상당수의 분노는 단지 감정의 문제로 일어난다. 모든 사람에게 이치에 합당한 분노를 요구하는 것은 결국 모두가 성인군자가 되라는 것인가?

맹자 같은 중국의 철학자들은 어쩐지 반감을 불러일으키는 것이 사실이다. 중국철학은 줄곧 사람들에게 성인군자가 되라고 요구하는 듯한 인상을 주기 때문이다. 그러므로 이와 같은 의혹을 품는 것도 지극히 정상이다.

다만 맹자의 논법에 따라 한 가지 분명한 사실을 말하고자 한다. 우리의 분노가 설득력과 정당성을 가지려면 사람들이 고개를 끄덕일 만한 이유가 있어야 한다는 것이다. 아무 때나 마구 터뜨리는 분노는 사람들을 떠나가게 할 뿐이다. 혹시라도 나중에 처지가 어려워졌을 때 어느 누가 손 내밀어 도우려 하겠는가? 두루 우호를 쌓지는 못하더라도 미움받는 관계를 늘릴 필요는 없다.

따라서 분노를 표출하기 전에, 정말 분노할 만한 일인지를 반드시 생각해봐야 한다. 단지 기분이 나쁜 것이라면, 맹자는 그런 분노는 근본적으로 필요하지 않다고 말할 것이다.

나의 분노가 합리적인지를 돌아보는 것은 직장 내 인간관계에도 도움이 되지만, 한편으로는 내적 성찰의 표현이기도 하다. 우리는 자기 내면의 상태를 낱낱이 파헤쳐 직면할 때 비로소 자신의 감정을 장악하여, 감정에 휘둘리거나 끌려다니지 않게 된다. 그래야만 직장에서도 좋은 경영자, 좋은 직원, 좋은 동료가 될 수 있다.

분노가 세상을 바꾼다

맹자는 먼저 용기에 대해 말한 뒤 분노에 대해 말한다.[4] 용기와 분노는 나눠 생각할 수 없다. 분노가 치밀어오를 때, 상대가 나한테 월급을 주는 사람이라 해도 책상을 치면서 "안 해요, 안 한다고요!"라고 말하는 장면을 상상해보자.

대부분은 그런 상황에서 최대한 냉정을 찾으려 노력할 것이다. 실직할지도 모른다는 두려움이 내면을 가득 채우고 있기 때문이다. 그래서 어떻게든 분노와 눈물을 삼키며 사장의 비위를 맞추고 그 안에서 버티기로 하는 것이다.

그러나 분노의 불꽃은 내면의 두려움을 모두 연소시켜 실제적인 행동을 취하도록 만든다. 용기란 바로 이렇게 해서 탄생하는 것이다. 그리고 용기 또한 큰 용기와 작은 용기로 나눌 수 있다. 주희는 이에 대한 주석을 쓰면서, 장경부(張敬夫, 1130~1180, 남송의 학자)의 말을 인용한다.

"작은 용기는 혈기에서 나오는 분노이고, 큰 용기는 의리에서 나오는 분노다. 혈기의 분노는 있어서는 안 되는 것이고, 의리의 분노는 없어서는 안 되는 것이다."

우리는 모두 분노를 느낄 수 있고, 분노는 우리로 하여금 행동을 취하도록 만든다. 우리의 행동은 이성보다는 감정에

의해 움직여지기 쉽다. 이때, 우리는 그러한 감정의 출처를 명확하게 분별할 필요가 있다. 순간의 혈기에서 비롯된 감정이라면 반드시 조심조심 다뤄야 한다.

그런데 어째서 분노와 용기가 함께 언급되는 것일까? 사실 우리는 용기가 있어서 행동하는 게 아니다. 내 안의 두려움을 보지 못하도록 하는 뭔가(여기서는 분노)가 있을 때, 즉 두려움이 사라졌을 때 행동하는 것이다. 세상 사람들은 이러한 행동에 대해 "용기 있다"는 찬사를 보낸다.

명예의 왕관이 이렇듯 용기의 이름으로 씌워지는 것이라면, 최소한 그것이 혈기에서 나오는 용기인지 의리에서 나오는 용기인지, 용기의 출처가 되는 분노가 어떤 종류인지 정도는 밝혀야 하지 않겠는가.

"누구도 좋은 말로 싸울 순 없다"는 말이 있다. 누구나 좋은 말만 주고받으며 우호적인 관계를 맺고 살아가고 싶겠지만, 직장이라는 공간에는 나의 감정을 불편하게 건드리는 사람이 너무나 많다. 이런 환경에서 과연 분노의 출처까지 분별하면서 살 수 있을까.

이쯤에서 손자의 말이 떠오른다.

"군주는 자기 한 사람의 분노 때문에 전쟁을 일으켜서는 절대 안 된다. 장수 또한 적에 대한 일시적 분노만으로 전쟁터로 달려나가서는 안 된다. 노여움은 언제든지 기쁨으로 바뀔 수 있고, 분노 역시 즐거움으로 바뀔 수 있다. 그러나 한 번 멸망한 나라는 다시 세울 수 없고, 한 번 죽은 자는 영영 다시 살아 돌아올 수 없다."

손자가 말하는 이익은 당연히 전쟁터에서의 이익이지만, 맹자에게 진정한 이익은 의와 관련된 것이었다. 맹자가 말한 의로운 분노는 조직 내에 커다란 이로움을 가져온다. 우리의 의로운 분노를 통해 조직은 타성에 머무르지 않고 진취적이며 생산적인 기세를 유지하게 되기 때문이다. 그러므로 분노의 출처를 명확히 분별하는 것은 대단히 중요하다.

고대에는 군대를 일으키기 전에 전쟁의 명분을 앞세웠다. 그러니 우리의 분노에도 합당한 이유 정도는 있어야 하지 않겠는가? 당당한 명분을 앞세운 군대는 인의지사(仁義之師)로 불렸고, 이러한 인의의 군대는 이기지 못하는 전투가 없었다. 우리의 분노가 의로운 분노라면, 설령 사장 앞이라도 '내 분노가 이렇게 의로운데, 당신이 뭘 어쩔 수 있겠어' 하는 믿음을 가질 수 있어야 한다.

우리의 의로운 분노를 사장이 받아들이지 못한다면 안타깝지만 어쩔 수 없다. 우리의 의로운 분노를 동료들이 받아들이지 못한다면 그 또한 어쩔 수 없다. 그들이 자신은 아부에 능한 소인을 좋아할 뿐이라는 점을 일찌감치 깨닫는 수밖에.

뤼천쉐

맹자　　　　　　　　　　　　　　**孟子, 기원전 372?~289?**

전국시대의 유가를 대표하는 인물이다. 맹자의 어머니가 자식의 교육을 위해 세 번이나 이사했다는 '맹모삼천지교'는 좋은 환경을 통해 교육을 도모한, 역사상 최 초의 사건이 아닐까.

맹자가 가장 열성적으로 주장한 것은 백성을 근본으로 하는 어진 정치, 인정(仁政) 사상이다. 그중 "필부인 주(紂)를 죽였다고는 들어봤지만, 임금을 시해했다고는 듣지 못했다"는 말은 개혁을 열망하거나 국가·사회에 저항하는 사람들[가령 해 바라기 운동(중국과의 '양안서비스무역협정'에 반대하면서 대만의 대학생 및 사회 운동 세력이 2014년 3월 18일부터 4월 10일까지 대만 입법원을 점거 농성하며 경찰과 대치했던 사건-옮긴이)]이 즐겨 외우는 문구가 됐다.

《맹자》는 주희에 의해 《논어》《대학》《중용》과 함께 과거시험의 필독서인 사서 (四書)로 편집, 편찬되었고, 지금까지도 고전 애호가들이 애독하는 고전 가운데 하나다.

맹목
남들이 아닌 당신의 마음을 따르라

왕양명

천리는 우리 마음속에 있다

오후가 되자 사무실 동료들이 유명 디저트를 주문한다. 디저트가 도착하면 너도
나도 신이 나서 사진을 찍기 바쁘다. 당신도 이런 분위기에 맹목적으로 휩쓸려
살아가고 있는가?

중국 명대의 철학자 왕양명은 "자기 자신을 명료하게 인식하면 맹목적이지 않게
된다"고 말한다. 이것은 "너 자신을 알라"는 서양 전통 철학의 관념과도 일치하
는 말이다. 그러나 이성적 지식을 강조하는 방법에서는 조금 차이가 있다.

왕양명은 우리가 마음을 따라 행해야 한다고 말한다. 남들의 유동적인 감정만
좇으며 살다 보면 맹목적이 되어 내가 대체 무엇을 위해, 무엇 때문에 사는지도
모르게 된다. 마음으로 진실하게 자신을 바라보고 자신을 인식할 때 자기 바깥
의 사물에 대해서도 있는 그대로 인식하여, 맹목의 함정에 빠지지 않게 된다.

점심시간에 샤오팅은 웨이웨이와 함께 회사 근처에 새로 생긴 식당에 가보기로 했다. 오렌지색 조명에 유럽풍의 붉은 타일이 깔린 아담한 스페인 식당이었다. 식당에서는 근처의 직장인들을 위해 월요일부터 금요일까지 점심특선 메뉴를 제공하고 있었다. 샤오팅은 1번 세트 메뉴를, 웨이웨이는 2번 세트 메뉴를 주문했다.

15분쯤 지나자 음식이 나왔다. 강렬한 색감의 스페인풍 접시에 담긴 음식이 단박에 시선을 사로잡았다. 그중에서도 가장 먹음직스러운 훈제 연어에 샤오팅이 포크를 대려는 순간, 웨이웨이가 말했다.

"엇, 잠깐만!"

웨이웨이는 접시 가까이에 스마트폰을 대고 사진을 찍었다.

"또 어디 올리려고?"

샤오팅이 투덜거리자 웨이웨이가 생글생글 웃으며 대답했다.

"당연하지! 처음 와본 식당에서 처음 먹어보는 요리잖아!"

"그럼 내 것도 예쁘게 찍어봐."

웨이웨이는 솜씨를 발휘해보겠다는 듯 머리를 쓰윽 쓸어 올리고, 다시 한 번 사진을 찍었다.

"밥 먹을 때마다 이러는 거 안 피곤하니?"

샤오팅이 묻자 웨이웨이는 고개를 저으면서 대답했다.

"아니! 이게 얼마나 재밌는데! 사람들이 와서 '좋아요'도 누르고 댓글도 남기잖아. 틈틈이 그거 읽는 재미에 시간이 어떻게 가는지도 모르겠어!"

"넌 전업으로 블로거를 해도 되겠다. 하루에 제일 글 적게 올린 때가 다섯 개였나? 넌 심지어 출근길에 택시 타는 것까지 블로그에 올리더라? 정말 대단해!"

"하하! 너까지 내 블로그를 봐주다니. 기분 좋은데? 고마워!"

웨이웨이는 그렇게 말하면서 샤오팅에게 한국식 손가락 하트를 날렸다.

관심을 기울이면 의미가 생긴다

왕양명의 철학은 기본적으로 송대의 이학자인 육구연(陸九淵,

1139~1192)이 제창한 심즉리(心卽理, 마음이 곧 천리라는 뜻. 정을 억제하고 본성으로 돌아가야 한다고 주장하는 성리학의 엄격한 도덕주의와 대비되는 입장-옮긴이)의 연장선상에 있다. 심즉리란 모든 진리가 내 마음속에 있다는 관점으로, 여기서 마음이란 맹자가 설파한 네 가지 선의 실마리, 즉 측은지심, 수오지심, 사양지심, 시비지심을 갖춘 마음이다.[1]

맹자는 사람이라면 누구나 이 네 가지 마음의 직관에 따른 행동을 보인다고 말했다. 그는 우물 속으로 들어가려는 아기를 봤을 때 누구라도 그 아기가 그대로 우물에 빠지도록 내버려두지 않을 것이라는 비유로 측은지심을 설명한다. 수오지심은 부도덕한 일에 대한 직관적 반감, 사양지심은 타인을 자신의 마음에 두고 미루어 헤아리는 태도, 시비지심은 옳고 그름에 대한 판단 능력을 가리킨다.

이러한 직관적인 심리 상태가 바로 육구연이 말한 심즉리의 기초다. 아는 것은 아는 그대로, 모르는 것은 모르는 그대로 행하는 이치가 마음속에 내재돼 있다는 관점이다.

왕양명은 여기서 한 걸음 더 나아가, 심외무사(心外無事, 마음 밖에 존재하는 일은 없다), 심외무물(心外無物, 마음 밖에 존재하는 사물은 없다), 심외무리(心外無理, 마음 밖에 존재하는 이치는 없다)를 말한다. 이는 《전습록》의 '꽃을 보는' 일화에서도 자세하게 드러난다.[2]

왕양명이 유람할 때 한 친구가 바위 가운데에 있는 꽃나무를 가리키며 물었다.

"자네는 천하에 마음 밖에 있는 사물은 없다고 했는데, 이렇게 깊은 산 속의 꽃나무에서 절로 피고 지는 꽃이 대체 내 마음과 무슨 상관인가?"

왕양명이 대답했다.

"자네가 미처 꽃을 보지 못했을 때는 이 꽃과 자네의 마음이 모두 움직임 없는 적막 속에 있었지만, 자네가 이 꽃을 보는 순간 꽃의 빛깔과 형태가 선명해지지 않던가. 이로써 자네도 이 꽃이 자네의 마음 바깥에 있지 않다는 것을 발견하게 되지 않았나!"

심외무사, 심외무물, 심외무리에서 중시하는 것은 관심을 갖고 지켜보는 행위다. 관심을 갖고, 즉 마음을 기울여 볼 때 사물은 비로소 의미 있게 되고 당신과 사물 사이에는 관계가 생겨난다.

SNS는 피곤해

맹목에는 크게 두 종류가 있다. 하나는 그저 흐름을 좇는 것이다. 모든 것에 '조금씩' 발만 걸치고 있는 태도도 여기에 해당된다. 그 '조금씩'의 관심은 딱 눈앞까지만 뻗어 있을 뿐 마음속까지 들어가 있지 않다.

이런 관심으로는 진정한 관계가 생겨나기 어렵다. 관계가 생겨나지 않은 상태에서는 어떤 얘기를 해도 겉돌기만 하고 감정을 깊이 교류할 수도 없다. 처음 보는 사람하고야 아무 얘기나 할 수 있지만, 사귄 지 오래된 사람하고도 그런 얘기를 하면 공허하고 따분하기만 하지 않던가?

또 다른 맹목은 사물에 대한 인식이 가려져 있는 경우로, 문화나 환경, 습관, 태어난 가정 등의 요인으로 인해 특정 사물에 대한 옳고 그름을 제대로 따지지도 않은 채 빠져들어 있는 상태다.

앞의 에피소드에 나오는 웨이웨이가 대표적인 예다. 그녀에게는 자신의 존재감 확인이 SNS를 운영하는 주요 방식이기에, 일상의 별별 일을 인터넷상으로 공유하는 것만이 삶의 주요 형식이 되었다. 이러한 존재감 확인은 맹목일까, 아닐까?

당연히 맹목이다. 인터넷상에서 확인하는 감정이 현실에서 만나는 친구와 교류하는 감정을 압도하고 있기 때문이다. 시도 때도 없이 페이스북이나 트위터, 인스타그램을 들여다보는 사람을 떠올려보면 무슨 말인지 이해할 수 있을 것이다.

사실 전면적인 이해는 매우 어려운 일이다. 전면성은 가장 내밀한 자기다움, 즉 그 사람만의 고유한 모습을 포괄하기 때문이다. 이러한 자기다움은 겉으로 드러나는 행동만이 아니라 마음의 태도와 사고방식에도 담겨 있는 것이다.

그런데 과연 얼마나 많은 이들이 가장 자기다운 모습을, 자신만의 고유한 생각과 태도를 인터넷에서 공개하고 있는가? 그저 화려하고 흥미로운 사진이나 뭔가에 대한 '올바른' 입장을 표명하고 있는 글 등에는 대체 어떤 의도가 담겨 있는가?

무언가를 공유하는? 존재감을 확인하는? 인생을 풍요롭게 하는? 과시하는? '올바른' 입장을 표명함으로써 자신이 어떤 사람인지 알리는? 동의와 인정을 구하는?

SNS에 몰두하는 이유야 어쨌든, 한 가지만 물어보고 싶다. 혹시 피곤하지 않은가? 맹목적인 행동에는 정신적 피로감이 따른다. 스스로 무엇을 하고 있는지 분명하게 인식하고 있으면, 몸은 피곤하더라도 마음은 전혀 피곤하지 않다.

타인의 감정에 마음을 두지 말 것

뭔가에 관심을 기울이고 있다는 건, 그 뭔가가 마음속에 깊이 뿌리를 내리고 있다는 의미다. 마음속에 자리 잡은 그것으로 인해 당신의 마음에도 희로애락의 감정이 생겨나지 않던가?

왕양명은 관심을 기울이는 대상에 대해 감정이 생겨날 수 있지만, 그 감정이 지나쳐서는 안 된다고 생각했다.《전습록》에서도 "사람의 여러 감정은 대부분 지나친 것이지 부족한 경우는 많지 않다. 지나치면 마음의 본체가 될 수 없으므로 반드시 적절한 수준으로 조절해야 한다"고 말하고 있다.

양지(良知, 선천적으로 도덕을 인식하는 것으로 왕양명의 주된 사상이다-옮긴이)는 기쁨이나 노여움, 근심, 두려움의 영향을 받지 않는다. 그러나 그런 감정이 양지와 완전히 분리돼 있는 건 아니다. 양지는 결코 감정 없이 싸늘하기만 하지 않다. 다만 제어되지 않은 감정 표현은 스스로를 마음의 본체에서 멀어지게 하므로 감정의 수준을 조절해서 '중(中)'의 상태를 회복할 필요가 있다.

마음의 본체에서 멀어지는 게 왜 문제가 될까? 왕양명은 우리가 마음의 본체에서 멀어지면 우주자연의 진리(천리)를 명료하게 인식할 수 없기 때문에 감정에 휘둘리고 사리를 판단하는 능력이 가려지기 쉽다고 말한다.[3]

유행에 민감한 젊은 층을 대표하는 웨이웨이는 인스타그램, 페이스북에 매일 출석 체크를 하고, 일상의 별별 일들을 수

시로 업로드한다. 그렇게 하면 안 될 이유는 없다. 다만 그렇게 살아야 할 좋은 이유도 딱히 없을 뿐이다. 수시로 SNS에 접속해 일상을 업로드하다 보면 관심은 온통 구경꾼들의 반응에 쏠리게 되고, 마음은 댓글과 '좋아요'에 따라 출렁이기를 반복한다. 악성 댓글 하나에 머리끝까지 분노가 차올랐다가도 칭찬 댓글 하나에 참새처럼 폴짝폴짝 뛴다. 누군가의 동조에 흐뭇한 미소가 지어지다가도 그다음 이어지는 딴죽에 곧바로 피가 거꾸로 솟지 않던가? 그런 상태라면 시시각각으로 관심을 기울이는 대상은 세계가 아니라 타인의 감정이 된다.

관심을 기울이는 대상이 감정일 때 문제가 되는 이유는, 감정이란 외부 사물에 대한 반응이라 끊임없이 움직이기 때문이다. 같은 사건을 대할 때도 그 사람의 지위나 환경, 인생 경험에 따라 생각의 내용과 수준이 달라진다. 하물며 타인의 움직이는 감정에 마음을 향한 채 살아가다 보면, 내가 왜, 무엇을 위해 살아가는지 의식하지 못하는 맹목 상태가 되기 쉽다.

당신은 무엇에 마음을 향한 채 살고 있는가? 곰곰이 생각한 끝에 "그냥 좋아하는 것"이라고 대답하고 있다면, 당신도 실은 움직이는 감정의 반응을 좇아 살아왔으며, 당신의 내면에서 우러나는 진실한 감정에는 관심을 기울이지 않은 지 오래일 가능성이 높다.

인스타그램과 유튜브 시대의 지행합일,
어떻게 할 수 있을까

자아성찰이나 자아감각 같은 건 너무 올드한 주제 아니냐고 반문하는 사람이 있을지도 모르겠다. 사실 SNS는 대다수 사람들의 일상 대부분을 차지하고 있다. 이런 세태에 과연 어디서 이렇게 따분하고 진지한 주제에 대해 얘기할 수 있을까?

왕양명의 철학은 우리에게 '정성된' 삶을 살아야 한다고 말한다.[4] 정성된 삶이란, 관심을 기울이고 있는 것에 진심과 성의를 다하는 것이다.

정성은 반드시 양지(마음)의 기반 위에서 다해야 한다. 그렇다고 정좌하고 수련을 해야 하는 것은 아니다. 그럴 필요는 전혀 없다. 왕양명은 음식을 비유로 들면서 이렇게 말한다.

"음식으로 몸을 기르려면 먹은 음식을 소화시켜야만 한다. 음식이 배에만 머물러 있으면 체하여 답답하게 될 뿐이다. 이렇게 되면 음식이 어떻게 몸의 근육과 기관을 이루겠는가?

학자들이 많이 알고 있더라도 가슴에 쌓아만 두고 있으면, 음식이 배에만 머물러 있어 체한 것과 같다."

뱃속으로 들어간 음식이 영양을 공급해 우리 몸을 구성하려면 먼저 소화가 돼야 한다. 음식이 위장에만 머물러 있으면 아무 소용이 없다. 책을 아무리 많이 읽어도 지식이 머릿속에만 쌓여 있을 뿐 마음으로 옮겨가지 않으면, 음식이 소화되지 않은 채 위장에만 머물러 있는 것과 같다.

그러므로 알 뿐만 아니라 실천으로 옮겨야만 막힘이 해소돼 양심이 제대로 발휘될 수 있다. 여기서 막힘이란 무엇인가? 지금 시대에 적용해서 말한다면, 움직이는 감정에 휩쓸리며 들썩이는 것이라고 할 수 있다. 타인의 감정에만 휩쓸려 살다 보면, 자신만의 생각과 관점이 없어진다. "남들이 그러던데"라며 세상에 떠돌아다니는 말만 그대로 따라 하게 되는 것이다. 당신은 당신만의 이야기를 할 수 있는가? 그 이야기야말로 우주자연의 진리에서 오는 것이다.

이것은 인터넷 세상에서도 얼마든지 가능한 지행합일 수련법이다. 관심사를 공유하는 수준 이상의, 당신만의 생각과 관점인 정견(定見)은 타인의 감정에 따라 부유하는 반응이 아니라 당신의 고유한, 정성된 마음의 표현인 것이다.

자신을 명료하게 의식할 때라야 맹목적이지 않게 된다. 앞에서 맹목에는 두 종류가 있다고 했다. 하나는 스스로도 무엇에 관심을 기울이는지 모른 채 막연히 흐름을 좇는 것이고, 다른 하나는 인식이 가려져 있는 탓에 특정 사물에 대한 시비 판단이 없어지는 것이다.

전자의 맹목에서 벗어나는 방법은 자신을 명료하게 의식하는 것이다. 타인의 의견이나 감정에 따라 반응하지 않고, 자신만의 정견을 가짐으로써 정성된 마음을 따르는 것이다. 물론 정견이 지나쳐 맹목이 될 때도 있다. 사물에 대한 시비 판단을 갱신하지 않고 그대로 머무르기만 할 때다. 그렇다면 어떻게 해야 자신을 명료하게 깨달을 수 있을까?

마음으로 진실하게 자기 자신을 관찰하면 된다. 자신을 들여다보고 자기 자신을 명료하게 깨닫고 나면, 외부의 사물에 대해서도 정성된 마음으로 헤아리게 될 것이다.

그때의 당신은 결코 맹목적이지 않게 됨은 물론이다.

쑤즈잉

왕양명   **王陽明, 1472~1529**

명대의 유학자. 이름은 수인(守仁)이며 스스로를 양명자(陽明子)로 칭해 양명 선생이라 불렸다. 그의 치양지(致良知, 내 마음속의 천리인 양지를 깨달아 적극적으로 실현함-옮긴이) 학설은 맹자의 구방심(求放心, 달아난 마음을 되찾음-옮긴이)을 계승한 것이다. 이 때문에 "왕양명의 학문은 맹자를 계승한 것이며, 주희(朱熹)가 아닌 왕양명이야말로 맹자를 잇는 후대의 유학자"라고 말하는 사람도 있다. 이후 학계에서는 주희와 왕양명의 학문을 비교하는 연구가 크게 늘었다.

긍정
이 험한 세상을 살아낼 긍정 에너지는 어디에서 오는가

공자

지자요수, 인자요산

혹시 당신이 다니는 회사에서도 긍정 에너지를 고취한다면서 단체로 구호를 외치며 하루를 시작하는가? 그렇게 억지로 끌어올린 '긍정'으로 이 험한 세상이 지탱이 되던가? 매일매일 끌어올려야 하는 그 에너지는 대체 어디에서 오는 걸까? 그런 것은 그냥 자아최면에 지나지 않는 것 아닐까? 이런 문제에 대해서라면, 시대의 '루저'를 대표하는 공자야말로 한 마디 나설 자격이 있을지 모르겠다.

대부분의 학교나 회사에서는 '긍정'을 높이 평가하고 널리 북돋우기 위해 노력한다. 심지어 휴게실이나 화장실에서까지 우리는 긍정에 대한 명언을 수시로 접한다. "자신을 믿는 것이 노력 자체보다 중요하다"라든가 "매일 조금씩 나아지는 나!" 등등. 그런데 이런 문구를 보고 나면 정말 긍정 에너지로 충만해지던가?

긍정이 심리적 건강의 지표라는 것은 널리 알려진 사실이다. 긍정은 우리가 스트레스에 압도당하지 않고 적절히 적응할 수 있도록 하는 심리적 기제다. 그러나 과도한 긍정은 때로 우리를 바보로 만들어버리기도 한다. 어떻게 하면 과도한 긍정에 빠지지 않으면서 삶의 스트레스를 안정적으로 다룰 수 있을까?

역사 속의 은자들이 비웃었던 공자를 보자. 어떻게 공자는 난세를 살면서도 그토록 침착하고 평온할 수 있었을까?

공자를 통해 긍정을 말하기란 쉬운 노릇이 아니다. 긍정은 일종의 관념이 아니라 마음의 태도이기 때문에 실제 삶을 들어가며 이야기해야 하기 때문이다. 공자가 살았던 때는 정치적 분열이 극에 달해 사람들의 삶이 불안정하고 위태로웠던 춘추전국시대다.

《논어》에 나오는 '지자요수 인자요산', 즉 지혜로운 사람은 물을 좋아하고 어진 사람은 산을 좋아한다는 구절에서 시작해보자. 여기서 '요(樂)'라는 글자에는 활달함, 탁 트임, 푹 빠짐이라는 의미가 내포돼 있다. 이렇게 푹 빠져들어 즐길 만한, 탁 트인 형상으로 각각 산과 물을 든 것이다. 전통적인 군자의 이미지 또한 '지자요수 인자요산'으로 묘사할 수 있다. 그런데 이쯤에서 드는 의문 하나. 지자(知者)와 인자(仁者)는 어떻게 나뉘는 걸까? 요는 일반적인 의미의 '좋아한다' '즐기다'와 어떻게 다를까? 그리고 이 모든 것이 긍정과는 무슨 관련이 있는 걸까?

먼저 산과 물로 은유되는 군자의 긍정 마인드에 대해 알아보자.

어지러운 세상의 지자와 인자

예(禮)와 악(樂)이 붕괴되고 제후국들이 패권을 다투던 춘추전국시대에 사(士)의 역할은 매우 특별한 것이었다. 그들은 전통적인 귀족 계급을 타파하고, 천하의 일을 자신의 소임으로 삼아 지식과 학문으로 정치에 힘쓰고자 한 평민들이었다. 그들은 도(道, 세상을 안정시키기 위한 올바른 이치와 방책-옮긴이)를 연구하고 군자라는 모범을 따르는 것을 자기 수련의 준칙으로 삼았다. 전통적인 '사'의 신분을 군자라는 형상을 통해 재정립하고, 그들 자신이 처한 시대에 새로운 문화를 만들어내고자 했다. 이는 현대 지식인의 풍모와도 비슷해 보인다. 혼란의 춘추전국시대에 공자는 한 사람의 '독서인'으로서 여러 나라를 돌아다니며 왕에게는 어떻게 국정을 펼쳐야 하는지 간언하고, 평범한 독서인들에게는 군자란 어떠해야 하는가를 역설했다.

과연, 군자는 어떠해야 하는 걸까? 난세에 실천 가능한 두 가지 모델이 바로 인자와 지자였다. 인자와 지자의 차이는 삶을 대하는 태도의 차이라고 할 수 있다. 공자는 이렇게 말한다.

"지혜로운 사람은 물을 좋아하고 어진 사람은 산을 좋아한다. 지혜로운 사람은 동적이고 어진 사람은 정적이며, 지혜로운 사람은 인생을 즐겁게 살고 어진 사람은 인생을 길게 산다."[1] 산과 물을 좋아하는 것은 지자와 인자의 본성이고, 움직임과 고요함은 지자와 인자의 본성이 밖으로 드러나는 방식이며, 즐겁게 사는 것과 오래 사는 것은 지자와 인자의 공(功)이다.[2] 자신의 본성을 밖으로 펼쳐내는 방식과 그 결과에 대한 마지막 평가가 공인 것이다.

인자란 무엇인가

《논어》〈옹야〉 편에서는 인에 대해 "하기 어려운 공적인 일을 먼저 하고, 자신에게 이익이 되는 사사로운 일은 나중에 하는" 자세가 필요하다고 말한다. 이는 '예'에 요구되는 행동과 능력을 갖춘 뒤에야 '인'을 얻을 수 있다는 뜻이기도 하다.[3]

우리는 인성의 재료만 가지고 태어나, 점차 갈고 닦아나간다. 사람은 예가 발전하는 만큼 인이 발전하고, 타고난 재료 또한 바로 그만큼 한 사람의 인격적 성숙에 기여한다. 인 또한 예 안에서 자신을 빚어나가는 것이다.[4] 그래서일까, 허버트 핑가레트(Herbert Fingarette)는 인자가 '사(士)'일 때의 마음은 "극기의 능력을 갖추고 있으면서 언제든 예로 돌아가는 (self-disciplined and ever turning to li)"⁵ 태도라고 말한다.

인은 한 사람의 수양의 경지만 의미하는 것이 아니라, 사람들과 어울려 지내는 모습을 통해 평가받는 것이기도 했다. 제자가 인에 대해 묻자, 공자는 이렇게 대답한다.

"하늘 아래에 살아가면서 다섯 가지 덕목을 실천할 수 있다면 '어질다(인)'고 할 수 있다."

그 다섯 가지 덕목이 무엇이냐는 물음에 공자는 이렇게 대답한다.

"공경, 너그러움, 신의, 민첩함, 은혜로움이다. 내가 남을 공경하면 나 또한 업신여김을 받지 않고, 사람들에게 너그러우면 인심을 얻게 되며, 내가 신의가 있으면 남에게 신임을 받고, 민첩하고 부지런하면 일을 이루어내는 공이 있고, 널리 은혜를 베풀면 넉넉히 사람들을 부릴 수 있게 된다."

지자란 무엇인가

《논어》〈계씨〉 편에서는 지자에 대해 "천하에 도가 행해지고 있다면 서민들이 국사에 대해 이러쿵저러쿵 논할 일이 없다"

고 말한다. 그럼 천하에 도가 행해지지 않고 있다면? 철학사가인 위잉스[余英時, 1930~, 중국의 제3세대 신유가(新儒家) 학자-옮긴이]는 "세상이 크게 혼란스러우면 지식인은 논쟁과 간언을 자신의 천직으로 삼는다"고 말한다. "장렬히 외치다 죽을지언정 살아남기 위해 침묵하지 않겠다"는 것.[6]

인자는 예를 따르되 스스로를 바퀴의 굴대(중심)로 생각한다. 그들은 천하에 도가 행해지지 않을 때도 예에 따른 언행을 통해 사람으로서 마땅히 갖춰야 할 삶의 태도를 잃지 않는다. 그들은 이러한 태도로 역사에 대한 책임의식과 우국우민의 심정을 표출한다. 이는 어떤 의미에서 학자의 태도에 가깝다.

지자 또한 인자와 마찬가지로 예에 따라 행동하지만, 이들의 태도에는 도를 밝히고 세상을 구제한다는 감정이 더욱 무겁게 실려 있어서, 좀 더 용감한 개척자의 면모를 보인다. 이 점이 바로 인자와 지자의 삶에서 드러나는 가장 두드러진 차이다.

물론 인자와 지자 모두 최종 목표는 성인(成仁), 즉 인을 이루는 것이다. 현대 철학자 데이비드 홀(David L. Hall)과 로저 에임스(Roger T. Ames)는 성인이란 한 사람 전체를 아우르는 과업이라고 말한다. 인을 이루는 것은 "개인적이고 성찰적인 내재적 자아와 사회 속의 능동적인 외재적 자아 전체에 걸친

일"이라는 것.[7]

사(士)들은 군자의 이미지를 재정립함으로써 자신들이 처한 시대에 새로운 인식을 창출하고자 했다. 선진시대의 군자는 혼란한 세상의 한복판을 거치면서 인자와 지자라는 두 종류의 군자 이미지를 얻게 됐고, 이를 대표하는 삶의 특성은 산과 물이라는 구체적 형상으로 표현됐다. 그러나 이들의 최종 목표는 어디까지나 인을 이루는 것이었다.

산과 물을 닮고 싶었던 사람들

예악이 붕괴된 춘추시대에 인자와 지자는 '사'의 신분으로 사회에 대한 도덕적 우환의식(憂患意識)을 가진 사람들이었다. 유가학설을 따르는 이들은 우환의식이 그들을 더욱 사람답고 군자답게 만들어줄 거라 기대했다. 이러한 기대의 최종적이며 구체적 표현이 바로 인자와 지자였다. 그리고 이러한 인자, 지자의 정신을 갖춘 '사'들이 삶을 대하는 마음의 태도가 바로 산과 물 같은 것이었다. 그러한 마음의 태도로 성취한 '긍정'이라고도 할 수 있겠다.

그렇다면 산과 물은 각각 어떤 특성을 은유하고 있는 것일까? 물의 특성은 어째서 지자를 은유하는 것일까?

《순자》의 〈유좌〉 편에는 공자가 동쪽으로 흐르는 물을 보는 이야기가 나온다. 제자가 공자에게 물었다.

"물을 그토록 진지하게 관찰하시는 이유가 무엇입니까?"

공자가 대답했다.

"물은 만물을 두루 거쳐 흐르며 그들에게 생기를 부여하면서도 공을 내세우지 않으니, 이것은 덕(德)과 같다. 낮은 곳을 향해 굽이굽이 흐르되 반드시 자신만의 물길을 따라 흐르니, 이것은 의(義)와 같다. 하루라도 마를 날 없는 기세로 흐르는 왕성함은 도(道)와 같다. 나아가는 기세는 결연하고 깊디깊은 계곡에 이르러서도 두려움이 없으니, 이는 용(勇)과 같다. 물은 수평을 재는 기준이 되니, 이는 법(法)과 같다. 어디든 가득 메운 뒤에도 평평하게 깎을 필요가 없으니, 이는 정(正)과 같다.

부드럽고 투명한 모습으로 미세한 데까지 흘러드니, 이는 밝게 살피는 것과 같다. 물이 흘러 지나간 자리는 깨끗해지니, 이는 선한 교화와 같다. 물길이 아무리 굽이져도 반드시 동쪽으로 흐른다는 뜻에는 변함이 없으니, 이는 굳은 의지와 같다. 이렇듯 물의 덕성이 훌륭하므로 군자는 물을 보면 깊이 관찰하면서 감상하는 것이다."

그렇다면 산의 특성은 어째서 '인자'를 은유하는 것일까?

《논어》의 〈자로〉 편에서는 "강직하고 의연하며 꾸밈없고 말수가 적은 듬직함이 인에 가깝다"라고 말한다. 꿋꿋하고 진실하며 소박하며 성실하고 안정적인 사람의 모습이라 할 수 있다.

유향(劉向, 기원전 77~6, 전한시대의 학자)은 현인들의 일화를 모은 책《설원》에서 "어진 이는 어찌하여 산을 좋아하는가?"라는 물음에 이렇게 답한다.

"산은 높고 험준해서 만민이 우러러본다. 온갖 초목이 그 안에서 자라고, 온갖 나무들로 울창하며, 새와 짐승들이 그 안에 깃들어 살고, 지치면 쉰다. 산에는 보배로운 것들을 심어 가꿀 수 있고, 기인과 은자도 많이 살고 있다.

산은 만물을 기르고 있으면서도 싫증을 내지 않으며, 사방에서 두루 필요한 것을 취함에도 제한이 없다. 산에서는 구름과 바람이 나와서 천지간의 기를 통하게 하고, 산이 있어 나라를 이룰 수 있으니, 어진 이가 산을 좋아하는 것이다.

《시경》에서 '노나라 사람들은 높고도 험준한 태산을 우러르네'라고 한 것도 산을 좋아함을 이른 것이다."

현대 철학자인 홀과 에임스는 지자요수, 인자요산이 은유하는 것은 '지'의 능동성과 그에 따르는 즐거움이라고 강조한다.

"행동의 지혜로 세상(현실)을 알아가는 사람은 창조적이며 능동적인 사람이다. 이런 사람의 특성을 물에 비유한 것은 물이 유동적이며 그침이 없기 때문이다. 어진 사람은 가치와 의의를 갖춘 사람이다. 그 사람의 가치는 우뚝 솟은 산처럼 높고, 하늘과 땅처럼 장구하다.

인자의 덕은 표준과 규범에 있다. 그들은 사회에 영향을 미칠 뿐 아니라 영원히 경의의 대상이 되며, 배우고 따를 만한 모범이다. 인은 이미 갖춰져 있는 상태이자 그 사람의 모든 행동에 새겨진 특징이며 사회적 존경과 감화력의 원천이다."[8]

안정적이며 지속적인 산의 특성은 인자의 사회적 감화력을, 창조적인 물의 특성은 지자의 사회적 능동성을 은유하고 있다고 보는 것이다.

'사' 집단을 이루는 독서인들은 수신(修身)의 목표가 인자, 지자와 같아지는 것이었기에 난세를 대하는 마음의 태도 또한 산과 물을 닮고자 했다. 자신이 처한 세상에서 자신이 취하는 태도를 알고 있으니 마음은 절로 평안하고, 그 평안한 마음으로 긍정적일 수 있게 되는 것이다.

스트레스를 이기고 평온하게 사는 법

인자와 지자 중 어떤 것을 택할지는 각자의 삶의 형태에 따라 달라질 수 있다. 중요한 건 어느 쪽의 태도로 살아가든 간에, 자신의 책임을 명확히 알고 한시적 쾌락만을 좇지 않는 것이다.

인자는 일상의 정도(正道)를 준수하고, 감정을 잘 다스려 예에 어긋나는 행동은 삼간다. 지자는 예를 따르는 행동의 이점을 알기에 그렇게 행동하며 살아간다. 그런 이유에서인지 《논어》에서는 산의 특성에 대해 우러름과 장중함을, 물의 특성에 대해 용기와 선한 교화를 언급하고 있다. 산과 물의 이미지는 군자의 긍정적 인생 태도를 은유하는 동시에, 이러한 긍정이 결코 바보의 어리석음이 아님을 역설하고 있다.

오늘날의 우리도 세상사의 원인과 결과를 꿰뚫어보고, 자신의 책임을 명확히 인식하며, 타고난 성격에 따라 인자 혹은 지자의 태도를 선택한다면, 스트레스를 이겨내고 평온한 마음으로 살아갈 수 있을 것이다.

"인간의 성정이 선함은 그렇게까지 대단한 것이 아니다. 그보다 중요한 것은 선에 이르고자 하는 노력을 통해 그것이 인간의 '본성'이 된다는 데 있다."[9] 인자의 꾸밈없는 진실함이

지자의 유연한 수용력과 만나 인간의 본성이 되도록 하는 것이 유가에서 추구하는 노력의 방향이었다.

이러한 원칙을 직장에 적용해보자. 타고난 성격을 있는 그대로 들여다보고 자신의 책임을 명확히 깨닫는다면, 스트레스를 맞닥뜨리더라도 침착한 태도로 굳게 설 수 있지 않을까?

그렇게 할 수만 있다면, 당신은 이미 긍정 에너지로 충만한 것이다!

쑤즈잉

공자 　　　　　　　　　　　　　　　　　　　**기원전 551?~479?**

본명은 공구(孔丘)로 노나라 태생이며 유가학설의 창시자다. 유가학설에서는 인(仁)을 강조하며, 지식인이 군자라는 모범이 되기를 기대한다. 후대에 지성선사(至聖先師, 지와 덕이 높은 최고의 성인—옮긴이)로 추앙받았다. 공자는 자신의 학술, 저작에 대해서 술이부작(述而不作, 선인의 업적을 이어 이를 설명하고 서술할 뿐 새로운 부분을 만들어 첨가하지 않았다는 뜻—옮긴이)이라 했다. 《논어》는 제자들이 그의 언행을 모아 기록한 책이다.

주

〈불안〉

1 《現代西方哲學新編(현대 서양철학 신편)》

〈불평〉

1 여기서 주의해야 할 점은 '타인을 이용'하는 것까지 순수도구원칙에
   포괄되는 것으로는 보이지 않는다는 점이다. 일반적으로 타인을 이용
   한다는 말에는 어느 정도 기만과 은폐의 의미가 담겨 있는데, 기만과
   은폐의 부당함은 순수도구원칙과는 별도로 논해야 할 부분이다. 다시
   말해서, 아밍의 행동과 태도는 아창을 순수한 도구로 삼은 것이기에
   올바르지 않지만, 아밍이 아창에게 뭔가를 감추거나 속였다고는 할 수
   없다.
2 그 이면에는, 인간은 자주적이며 이성적인 존재이므로 도덕적으로 사
   고할 수 있다는 생각이 깔려 있다. 자세한 내용은 칸트가《도덕형이상
   학 정초》에서 언급한 관련 정언명령(categorical imperative), 인간 존
   중(respect for persons)과 존엄(dignity) 등을 참고하라.
3 또 다른 고려사항은 상관성이다. 파핏이 그의 책《On What Matters》
   에서 든 예는 다음과 같다. 사디스트의 쾌감은 얻고 싶지 않으므로 노

예를 때리지 않는다, 동물을 학대하면 사람을 학대할 가능성도 높아지므로 동물을 학대하지 않는다.

4 앞의 책에서 파핏은 말한다. "우리가 타인을 도구로 삼았는가의 여부는 우리가 그러한 의도로 행동했는가에 따라 결정된다. 우리가 타인을 순수한 도구로 삼았는가 아닌가는, 그 기저에 깔린 태도와 원칙에 따라 결정된다. 그것은 일정 부분, 다른 상황에서라면 우리가 어떤 행위를 했으리라는 문제이기도 하다."

5 칸트에 대한 파핏의 관련 해석은 다음과 같다. "칸트는 그 어떤 이성적 존재를 순수한 도구로 삼는 것은 잘못이라고 주장한다. 또 다른 비슷한 그러나 광의의 관점에서, 지각 능력이 있는 혹은 의식이 있는 어떤 존재를 순수한 도구로 삼는 것은 잘못이라고도 말한다. 이러한 관점은 모든 이성적인 혹은 지각 능력이 있는 존재를 우리가 마음대로 사용할 수 있는 도구로 삼는 것은 잘못이라는 의미를 포괄한다. 그러나 칸트의 이러한 주장은, 지각이나 의식의 여부를 떠나 우리가 누군가를 순수한 도구로 삼는 행위 자체가 모두 잘못이라는 주장을 포괄하고 있다."
파핏이 든 또 다른 예는 다음과 같다. 만약 어떤 남자가 순수하게 이기적인 동기에서 물에 빠진 어떤 소녀를 구했다면, 자기 목숨의 위험을 무릅쓰고 타인의 생명을 구한 이런 행위는 도덕적으로 잘못된 것이(라고 칸트는 말하겠지만) 아니지만, 도덕적 가치는 없다.

〈용기〉

1 《十一家註孫子(11가주 손자)》

2 《손자병법》의 '형'과 '세'에는 변증법적 의미가 있으며 철학적 토론 가치가 풍부하다고 생각하는 사람들이 많다. 형과 세에 관한 철학적 이해

에 대해서는 리링(李零)의《전쟁은 속임수다》를 추천한다.

〈자신감〉

1 《莊子》〈山木〉: 莊子衣大布而補之, 正緳係履而過魏王. 魏王曰「何先生之
   憊邪?」莊子曰「貧也, 非憊也. 士有道德不能行, 憊也. 衣弊履穿, 貧也, 非
   憊也, 此所謂非遭時也. 王獨不見夫騰猿乎? 其得柟 梓 豫 章也, 攬蔓其枝,
   而王長其間, 雖羿 蓬蒙不能眄睨也. 及其得柘 棘 枳 枸之間也, 危行側視,
   振動悼慄, 此筋骨非有加急而不柔也, 處勢不便, 未足以逞其能也. 今處昏
   上亂相之間, 而欲無憊, 奚可得邪? 此比干之見剖心, 徵也夫!」
   《장자》〈산목〉: 장자가 다 해진 옷을 입고 낡은 짚신을 신은 채 위나라
   의 혜왕을 알현하러 갔다. 혜왕이 장자에게 물었다. "선생은 어찌 그리
   행색이 피폐하오?" 장자가 답했다. "저는 가난할 뿐 피폐한 것이 아닙
   니다. 선비에게는 도덕이 있으나 행하지 못함이 피폐한 것이지요. 해진
   옷과 낡은 짚신은 가난일 뿐 피폐한 것이 아닙니다. 다만 때를 만나지
   못한 것일 뿐입니다. 대왕께서는 나무를 타는 원숭이를 보신 적 있으십
   니까? 원숭이가 녹나무, 가래나무, 예장나무처럼 큰 나무들 사이에서
   가지를 자유자재로 잡아타며 옮겨 다닐 때는 후예나 봉몽 같은 활쏘기
   의 명수도 그 원숭이를 쏘아 맞히지 못합니다. 허나 그 원숭이가 산뽕
   나무나 가시나무, 탱자나무, 구기자나무처럼 작은 나무들 사이에 있을
   때는 위험한 듯 여기저기 살피면서 조심조심 움직이다 두려움에 몸을
   떨기도 합니다. 이는 원숭이의 뼈와 근육이 유연하지 않아서가 아니라,
   처신이 불편한 형세 때문에 어쩔 수 없이 그렇게 되는 것입니다. 지금
   처럼 이렇게 어두운 임금과 혼란에 빠진 대신들 사이에 있으면, 아무리
   피폐해지지 않으려 해도 어찌 그럴 수 있겠습니까? 충신 비간이 심장
   을 도려내는 죽음을 당했던 일이 이를 증명합니다."

2 「何謂天與人一邪?」 仲尼曰 「有人,天也; 有天, 亦天也. 人之不能有天, 性
也, 聖人晏然體逝而終矣.」

"하늘과 사람이 하나라 함은 무슨 뜻입니까?" 제자 중니가 묻자, 공자
가 말했다. "사람을 있게 한 것은 하늘이요, 하늘이 있게 한 것 또한 하
늘이다. 그러나 사람이 하늘을 있게 하지 못하는 것은 사람의 본성이
다. 성인은 편안한 마음으로 이러한 이치를 체득하고, 형체가 떠나면
삶을 마칠 뿐이다."

3 《장자》〈소요유〉

4 方生方死, 方死方生; 方可方不可, 方不可方可; 因是因非, 因非因是. 是以
聖人不由, 而照之于天, 亦因是也. 是亦彼也, 彼亦是也.(……) 凡物無成與
毀,復通為一. 唯達者知通為一, 為是不用而寓諸庸.

한편의 삶은 다른 한편에서는 죽음이요, 한편의 죽음은 다른 한편에서
는 삶이다. 이쪽에서 가능한 것은 다른 쪽에서는 불가능한 것이고, 이
쪽에서 불가한 것이라도 다른 쪽에서는 가능한 것일 수 있다. 옳음이라
는 기준으로 인해 그른 것이 생기고, 그르다 하는 기준 때문에 옳은 것
이 생긴다. 그러므로 성인이 제 마음대로 이치를 따지지 않고 하늘에
비추어 보는 것은 이 때문이다. 이것은 또한 저것이기도 하고, 저것은
또한 이것이기도 하다. (……) 만물에는 궁극적으로 이루어졌다는 것
도 없고 돌이킬 수 없이 파괴되었다는 것도 없으며, 다시 통하여 하나
가 된다. 오직 도에 다다른 자만이 통하여 하나가 됨을 안다. 무언가를
한다는 것은 외부에서 억지로 만들어내는 작용이 아니라 그 자체에 깃
들어 있는 본성의 활동이다.

5 《莊子》〈至樂〉: 莊子妻死, 惠子弔之, 莊子則方箕踞鼓盆而歌. 惠子曰「與
人居長子, 老身死, 不哭亦足矣, 又鼓盆而歌,不亦甚乎!」莊子曰「不然.是
其始死也, 我獨何能無概然! 察其始而本無生, 非徒無生也,而本無形, 非
徒無形也, 而本無氣. 雜乎芒芴之間, 變而有氣, 氣變而有形, 形變而有生,
今又變而之死, 是相與為春秋冬夏四時行也. 人且偃然寢於巨室, 而我噭

嗷然隨而哭之 自以爲不通乎命, 故止也.」

《장자》〈지락〉: 장자의 아내가 죽어 혜자가 조문을 갔다. 그런데 마침 장자는 두 다리를 뻗고 앉아 밥그릇을 두드리며 노래를 부르고 있었다. 혜자가 물었다. "자네 아내는 자네와 함께 살면서 자식을 기르다 몸이 늙어 죽었는데, 자네는 곡도 하지 않고 밥그릇이나 두드리며 노래를 하다니. 너무 심하지 않은가!" 그러자 장자가 대답했다. "그렇지 않네. 아내가 막 죽었을 때 나라고 어찌 슬프지 않았겠는가? 하지만 처음의 처음을 살펴보니 본래는 삶 자체가 없었지 않은가? 삶만 없었던 것이 아니라 형체도 본래 없었고, 기(氣)조차 본래는 없었다네. 모든 것이 혼돈 속에서 섞여 있다가 변하여 기가 되었고, 기가 변하여 형체가 되었고, 형체가 변하여 생명이 되었는데, 이제 그것이 다시 변하여 죽음이 되었네. 이것은 봄, 여름, 가을, 겨울 사계절의 운행과 같지 않은가. 죽은 사람은 이제 모처럼 천지자연의 넓은 방에서 편히 자려고 하는데, 내가 큰 소리로 울어댄다면 천명과 통하지 못한 것일 뿐이지. 하여, 이리 하고 있는 것이라네.'

6 《莊子》〈達生〉: 有孫休者踵門而詫子扁慶子曰「休居鄕不見謂不修, 臨難不見謂不勇, 然而田原不遇歲, 事君不遇世, 賓於鄕里, 逐於州部, 則胡罪乎天哉? 休惡遇此命也?」扁子曰「子獨不聞夫至人之自行邪? 忘其肝膽, 遺其耳目, 芒然彷徨乎塵垢之外, 逍遙乎無事之業, 是謂_爲而不恃, 長而不宰.」

《장자》〈달생〉: 손휴라는 자가 편경자 선생을 찾아가 말했다. "저는 고향에 머물러 사는 동안 '수양이 되어 있지 않다'는 말을 들어본 적 없고, 어려운 일을 당할 때도 '용기가 없구나'라는 말을 들어본 적이 없습니다. 그런데 농사를 짓는 내내 풍년이 드는 해를 만난 적이 없었고, 임금을 섬기는 동안에도 때를 만나지 못하였고, 고향에서는 배척을 당하였고, 고을에서는 쫓겨났습니다. 저는 대체 하늘에 무슨 죄를 지은 것인가요? 어찌하여 이런 운명을 만나는 것입니까?" 그러자 편자가 대답했다. "그대는 지인(至人)의 자유자재한 행동에 대해 듣지 못했는가? 그는 자신의 간과 쓸개의 일도 잊고, 눈과 귀의 감각도 잊고, 아득히 세속 바깥에서 서성이며 아무 일 없는 듯 거닐 뿐이라네. 이를 두고 '일을 이루되 공을 뽐내지 않고, 만물을 기르되 주재하려 들지 않는다'고 하지."

7 夫若然者, 且不知耳目之所宜, 而游心於德之和, 物視其所一, 而不見其所喪, 視喪其足, 猶遺土也.

무릇 이와 같은 자는 귀나 눈의 즐거움을 알지 못하고, 덕의 조화 속에서 마음을 노닐게 하여, 만물이 하나임을 볼 뿐 그가 잃은 것을 보지 않는다. 하여, 자신의 발을 잃은 것을 보고도 흙덩이 하나 떨어져나간 정도로 여기는 것이다.

8 人生天地之間, 若白駒之過郤, 忽然而已.

천지간에서 사람이 살아가는 것은 흰 망아지가 달려 지나가는 것을 문틈으로 보는 것처럼 한순간의 일일 뿐이다.

9 「何謂眞人? 古之眞人, 不逆寡, 不雄成, 不謨士. 若然者, 過而弗悔, 當而不自得也. 若然者, 登高不慄, 入水不濡, 入火不熱. 是知之能登假於道也若此. 古之眞人, 其寢不夢, 其覺無憂, 其食不甘, 其息深深. 眞人之息以踵, 衆人之息以喉. 屈服者, 其嗌言若哇. 其耆欲深者, 其天機淺. 古之眞人, 不知說生, 不知惡死; 其出不訢, 其入不距; 翛然而往, 翛然而來而已矣. 不忘其所始, 不求其所終; 受而喜之, 忘而復之. 是之謂不以心捐道, 不以人助天. 是之謂眞人.」

"어떤 사람을 진인(眞人)이라 하는가? 옛날의 진인은 역경을 거스르지 않고, 성공을 뽐내지 않으며, 억지로 일을 꾸미지 않았다. 이런 사람은 실패하더라도 후회하지 않고, 잘 되어도 득의양양하지 않는다. 이런 사람은 높은 곳에 올라도 두려움에 떨지 않고, 물에 빠져도 젖지 않으며, 불 속으로 들어가도 뜨거워하지 않는다. 지혜가 도에 이르면 이러하다. 옛날의 진인은 잠을 잘 뿐 꿈은 꾸지 않았고, 깨어 있을 때에는 걱정이 없었다. 지나치게 단 음식을 찾지 않았고, 숨은 매우 깊이 쉬었다. 진인은 발뒤꿈치로까지 숨을 쉬건만, 다른 사람들은 목구멍까지만 숨 쉴 뿐이다. 굴복해버린 사람은 목에서 나오는 소리가 마치 뭔가를 토하는 것만 같고, 욕심이 너무 깊은 사람은 타고난 기틀이 천박하다. 옛날의 진인은 삶을 기뻐할 줄도 모르고 죽음을 싫어할 줄도 모른다. 세상에 태어났다며 떠들어대지 않고, 죽음을 거역하지도 않는다. 무심히 왔다가 무심히 갈 뿐이다. 생명의 시작을 잊지 않고, 억지로 끝을 내려고 구하지도 않는다. 삶을 받으면 기꺼이 누리다가 생명을 잃으면 자연으로 돌아간다. 마음으로는 도를 해치지 않으며 억지 노력으로 하늘을 돕지도 않는, 이런 사람을 일러 진인이라 한다."

〈낙담〉

1 〈포레스트 검프(Forrest Gump)〉(미국, 1994년). 로버트 저메키스 감독, 톰 행크스 주연으로, 지능은 낮지만 선량하며 하늘이 내린 운동의 재능을 가진 주인공 포레스트 검프의 일생을 그린 영화다. 지능이 낮았기에 성장 과정 중에 맞닥뜨리는 모든 선택을 단순하게 대하는 태도와 순수한 진심은 주위 사람들을 감동시켰고, 바보처럼 보이기만 했던 그의 삶 또한 사람들에게 커다란 울림과 가르침을 주었다.

2 《논어》의 편저자에 대해서는 역대에 걸쳐 수많은 추측이 있어왔다. 대다수의 사람들은 공자가 중시한 제자 혹은 제자들의 제자가 편집했으리라고 생각한다. 그러나 탄자쩌(譚家哲) 교수에 따르면, 《논어》에 체계적으로 배열되어 있는 편명이 편저자의 의중을 온전히 드러내고 있는 것으로 볼 때 편저자는 공자의 가르침이 도드라질 수 있도록 일부러 자신의 성명을 감춘 것이라고 한다. 탄자쩌 교수는 그럴 가능성이 가장 높은 제자로 유자(有子)를 꼽는다.

3 《論語》〈述而〉: 子曰「仁遠乎哉? 我欲仁, 斯仁至矣!」

공자가 말했다. "'인'이 멀리 있다고? 내가 인하고자 하면 곧 인에 이를 수 있는 것이라네."

4 《論語》〈爲政〉: 子曰「道之以政, 齊之以刑, 民免而無恥. 道之以德,齊之以禮, 有恥且格.」

공자가 말했다. "정령(政令)으로 인도하고 형벌로 다스리면 백성들은 형벌을 면하더라도 부끄러워하는 마음이 없게 된다. 그러나 덕으로 인도하고 예로써 가지런하게 한다면 부끄러움을 알고 또한 바르게 될 것이다."

5 《論語》〈學而〉: 曾子「吳日三省吳身: 爲人謀而不忠乎? 與朋友交而不信乎? 傳不習乎?」

증자가 말했다. "나는 날마다 나 자신에 대해 세 가지 반성을 한다. 남과 더불어 일을 도모함에 불충하지는 않았는가? 벗과 교유함에 신뢰를 잃지는 않았는가? 스승에게서 배운 바를 제대로 익히지 못하지는 않았는가?"

6 《논어》〈자한〉

〈분노〉

1 《中庸》(宋)朱熹撰《四書章句集註》: 朱熹在這裡對「宜」這個概念做了一個解釋「分別事理, 各有所宜」這句話的意思就是在說, 每一個人事物都有其位置, 其當盡之本分與責任, 不可踰矩

《중용》주희 저, 《사서장구집주》: 주희는 여기서 '마땅함'에 대해 이렇게 풀이한다. "사리를 분별하여 각각 마땅한 바가 있게 하는 것이다." 모든 사람과 사물에는 제 위치가 있다는 의미로, 그 위치에서의 본분과 책임을 다하면 법도에 어긋남이 있을 수 없다는 말이다.

2   《孟子》〈告子章句上〉朱熹撰《四書章句集註》: 根據孟子的說法: 從其大
    體為大人, 從其小體為小人. 朱熹將大體釋為心, 小體釋為耳目之類. 依朱
    熹的說法, 心是屬於人類思的部分, 可以讓人不再只是順著動物性而活,
    以現代的語言概念理解, 或許我們可以將心簡單理解為我們的心智. 由這
    個角度想, 耳目或許我們可以簡單理解為耳目之慾, 也就是人類屬於動物
    性的部分, 擴大一點想的話, 也可以理解為我們的原始慾望.

3   《맹자》〈고자장구상〉 주희 저 《사서장구집주》: 맹자에 따르면 "큰 것
    을 따르면 대인이 되고, 작은 것을 따르면 소인이 된다." 주희는 '마음
    (心)'을 큰 것으로, '이목(耳目)'을 작은 것으로 풀이했다. 주희에 따르
    면 마음은 생각을 하는 기관으로, 사람으로 하여금 동물적 성향을 따
    르지 않고 살아가도록 한다. 현대의 언어로는 '마음의 지혜'라고도 할
    수 있겠다. 이목은 말 그대로 귀와 눈을 통해 생겨나는 욕망으로, 사
    람의 동물적 속성을 일컫는다. 넓게는 원시의 욕망 상태라고도 이해
    할 수 있다.
    여기서 맹자는 분노에 대해, 큰 용기(大勇)를 따르는 분노와 작은 용기
    (小勇)를 따르는 분노로 나누어 논했다는 점에 주의해야 한다. 큰 용기
    는 큰 예를 따르는 분노(大禮之怒)이나, 작은 용기는 필부의 용기에 지
    나지 않는다. 이 글에서도 맹자에 따라 분노를 큰 분노와 작은 분노로
    나누어 논하도록 하겠다.

4   《孟子》〈梁惠王章句下〉(宋)朱熹撰《四書章句集註》: 齊宣王問曰「交鄰
    國有道乎?」孟子對曰:「有. 惟仁者為能以大事小, 是故湯事葛, 文王事昆
    夷. 惟智者為能以小事大, 故大王事獯鬻, 句踐事吳. 以大事小者, 樂天者
    也; 以小事大者, 畏天者也. 樂天者保天下, 畏天者保其國.《詩》云「畏天
    之威, 于時保之」王 曰「大哉言矣! 寡人有疾, 寡人好勇.」對曰「王請無
    好小勇. 夫撫劍疾視曰「彼惡敢當我哉!」此匹夫之勇, 敵一人者也. 王請
    大之.《詩》云「王赫斯怒, 爰整其旅, 以遏徂莒, 以篤周祜, 以對于天下」, 此
    文王之勇也. 文王一怒而安天下之民.《書》曰「天降下民, 作之君, 作之師,

惟曰其助上帝, 寵之四方. 有罪無罪惟我在, 天下曷敢有越厥志?」一人衡
行於天下, 武王恥之, 此武王之勇也. 而武王亦一怒而安天下之民. 今王亦
一怒而安天下之民, 民惟恐王之不好勇也.」

《맹자》〈양혜왕 장구 하〉주희 저,《사서장구집주》: 제나라 선왕(宣王)
이 맹자에게 물었다. "이웃나라와 사귀는 데도 도(道)가 있소?" 맹자가
대답했다. "그렇습니다. 오직 어진 사람만이 큰 나라로 작은 나라를 섬
길 수 있습니다. 그러한 고로 은의 탕왕은 갈나라를 섬겼고, 주 문왕은
곤이를 섬겼습니다. 또한 지혜로운 사람만이 작은 나라로 큰 나라를 섬
길 수 있습니다. 그러한 고로 주 태왕(주 문왕의 아버지 옮긴이)은 훈육
(獯鬻, 전국·진·한 시대의 흉노-옮긴이)을 섬겼고, 월왕 구천이 오나
라를 섬겼던 것입니다. 대국으로서 소국을 섬기는 자는 하늘을 즐거워
하는 자이고, 소국으로서 대국을 섬기는 자는 하늘을 두려워하는 자입
니다. 하늘을 즐거워하는 자는 천하를 보전하고, 하늘을 두려워하는 자
는 자국을 보전합니다.《시경(詩經)》에서도 '하늘의 위엄을 두려워하여
이에 보전한다'고 하였습니다."

선왕이 말했다. "오오, 그렇구려! 그런데 과인에게는 병통이 하나 있소.
용기를 너무 좋아하오." 맹자가 선왕에게 말했다. "왕께서는 작은 용
기를 좋아해서는 안 됩니다. 칼을 만지작거리며 눈을 흘긴 채 '너 따위
는 내 적수가 아니지'라고 하는 것은 필부의 용기에 지나지 않는 것으
로, 기껏해야 한 사람을 상대할 만할 것밖에 되지 않습니다. 청컨대, 왕
께서는 그보다 더 큰 용기를 가지십시오.《시경》에서도 이르기를, '왕
께서 크게 노하시어 군대를 정돈하고 완나라를 치러 가는 무리를 막아,
주나라의 복을 돈독히 하고 천하의 기대에 부응하셨다'고 하였습니다.
이것은 문왕의 용기입니다. 문왕은 이렇듯 한 번 크게 노하시어 천하의
백성을 편안케 하셨습니다.《서경》에서도 '하늘에서 백성들에게 그들
의 임금을 내리고 스승으로 삼을 자를 내려 보내는 것은 상제를 도와
온 세상의 백성을 보호하기 위함이다. 사람에게 죄가 있든 없든 그에

대한 권한은 나에게 있을 뿐이니, 천하에 누가 감히 제 본분을 넘어 망령된 뜻을 품을 수 있단 말인가?'라고 하였습니다. 주왕 한 사람이 세상을 어지럽힐 때에도 무왕은 이를 부끄럽게 여겼으니, 이것이 무왕의 용기입니다. 무왕 역시 한 번 크게 노하시어 천하의 백성들을 편안케 하였습니다. 지금 왕께서도 크게 한 번 노하시어 천하의 백성들을 편안케 하신다면, 백성들은 오히려 왕께서 용기를 좋아하시지 않을까 걱정할 것입니다."

〈맹목〉

1 《孟子》〈公孫丑〉: 孟子曰 人皆有不忍人之心. 先王有不忍人之心, 斯有不忍人之政矣. 以不忍人之心, 行不忍人之政, 治天下可運之掌上所以謂人皆有不忍人之心者, 今人乍見孺子將入於井, 皆有怵惕惻隱之心. 非所以內交於孺子之父母也, 非所以要譽於鄕黨朋友也, 非惡其聲而然也.由是觀之, 無惻隱之心, 非人也;無羞惡之心, 非人也; 無辭讓之心, 非人也;無是非之心, 非人也.惻隱之心, 仁之端也; 羞惡之心,義之端也; 辭讓之心, 禮之端也; 是非之心, 智之端也. 人之有是四端也, 猶其有四體也. 有是四端而自謂不能者, 自賊者也; 謂其君不能者,賊其君者也. 凡有四端於我者, 知皆擴而充之矣, 若火之始然, 泉之始達.苟能充之, 足以保四海;苟不充之, 不足以事父母.

《맹자》〈공손추〉: 맹자가 이르기를 "모든 사람에게는 타인의 고통을 그대로 두고 보지 못하는 마음인 불인지심(不忍之心)이 있다. 임금에게 이러한 마음이 있으면 그러한 정치를 편다. 불인지심으로 불인지정(不忍之政)을 행하면 천하를 손바닥에 둔 듯 다스릴 수 있다.

모든 사람에게 불인지심이 있다는 것은 젖먹이가 우물에 들어가려는 것을 보았을 때 놀라고 측은해하는 마음을 갖는다는 뜻이다. 이것은 그 아기의 부모와 친해지려는 것이 아니고, 그 고을 사람들에게 명예를 얻기 위해서도 아니며, 자신이 혹 비난을 들을까 두려워해서도 아니다.

이로써 보건대, 측은지심(남의 불행을 불쌍히 여기는 마음)이 없으면 사람이라 할 수 없고, 수오지심(악을 부끄러워하고 미워하는 마음)이 없으면 사람이라 할 수 없으며, 사양지심(겸손히 마다하며 남에게 양보하는 마음)이 없으면 사람이라 할 수 없고, 시비지심(옳고 그름을 가릴 줄 아는 마음)이 없으면 사람이라 할 수 없다.

측은지심은 인(仁)의 실마리이며, 수오지심은 의(義)의 실마리, 사양지심은 예(禮)의 실마리, 시비지심은 지(智)의 실마리이다. 사람에게 이 네 가지 실마리, 즉 사단(四端)이 있음은 몸에 사지(四肢)가 있는 것과 같다. 이 네 가지 실마리가 있으면서도 행할 수 없다고 말하는 사람은 스스로에게 해를 입히는 사람이며, 임금이 그렇게 행할 수 없다고 말하는 사람은 그 임금에게 해를 입히는 사람이다. 나에게 있는 이 네 가지 실마리를 넓히고 채워나가면 불이 타오르듯 샘이 솟아나듯 세상에도 널리 퍼뜨릴 수 있을 것이나, 그렇게 하지 못한다면 제 부모를 모시기에도 부족할 것이다.

2 《傳習錄》: 先生游南鎮, 一友指岩中花樹問曰: 天下無心外之物.如此花樹, 在深山中自開自落,於我心亦何相關? 先生曰: 你未看此花時,此花與汝心同歸於寂. 你來看此花時, 則此花顏色一時明白起來. 便知此花不在你的心外.

《전습록》: 양명 선생께서 남진을 유람할 때 한 친구가 바위 가운데에 있는 꽃나무를 가리키며 물었다. "자네는 천하에 마음 밖에 있는 사물은 없다고 하였는데, 이렇게 깊은 산 속의 꽃나무에서 절로 피고 지는 꽃이 대체 내 마음과 무슨 상관인가?" 그러자 선생께서 말씀하셨다. "그대가 이 꽃을 보지 않았을 때는 이 꽃과 그대의 마음이 함께 적막 속에 있었으나, 그대가 이 꽃을 볼 때는 꽃의 빛깔이 일순간에 분명히 드러나지 않았던가. 이로써 이 꽃은 그대의 마음 밖에 있지 않다는 것을 알 수 있지."

3 《傳習錄》〈門人陸澄錄〉六十二條: 「偏倚是有所染著. 如著在好色好利好名等項上, 方見得偏倚. 若未發時, 美色名利皆未相看. 何以便知其有所偏倚?」曰「雖未相著, 然平日好色好利好名之心, 原未嘗無. 旣未嘗無, 卽謂之有. 旣謂之有, 則亦不可謂無偏倚. 譬之病瘧之人, 雖有時不發, 而病根原不曾除, 則亦不得謂之無病之人矣. 須是平日好色好利好名等項一應私心, 掃除蕩滌, 無復纖毫留滯. 而此心全體廓然, 純是天理. 方可謂之喜怒哀樂未發之中. 方是天下之大本.」

《전습록》〈문인육징록〉 62조: "치우쳐 있다는 것은 무언가에 물들어 있다는 뜻이군요. 예를 들어, 여색을 좋아하거나 이익을 좋아하거나 명성을 좋아하는 마음에 물들어 있으면, 그 마음이 치우쳐 있는 것을 볼수 있습니다. 그런 마음이 아직 드러나지 않았다면 여색이나 이익이나 명성을 본 적이 없다는 것이겠지요. 그런데 마음이 치우쳐 있다는 것은 어떻게 알 수 있습니까?"

선생께서 말씀하셨다. "아직 보지 않았다고 하더라도, 평소 여색이나 이익이나 명성을 좋아하는 마음이 원래부터 없었던 것은 아니다. 원래 없었던 것이 아니라면 평소에도 그것을 지니고 있었다는 것이고, 지니고 있었다면 치우친 바가 없었다고 말할 수는 없을 것이다. 비유하자면, 학질을 앓고 있던 사람이 잠시 증상이 나타나지 않는다고 병의 근원이 해소되었다거나 병이 없는 사람이라고 말할 수는 없는 것과 같다. 평소에 여색이나 이익이나 명성을 좋아하는 등의 사사로운 마음을 쓸어내고 씻어내어 터럭 하나만큼도 남아 있지 않으면, 그의 마음 전체가 탁 트여 순수한 천리(天理) 자체가 된다. 이것은 희로애락의 감정이 발현되기 이전인 '중(中)'의 상태로, 천하의 위대한 근본이 된다."

4 《傳習錄》〈門人陸九川錄〉二○一條: 川曰「如何是誠意功夫? 二希顏令再思體看. 九川終不惡, 請問.」先生曰「惜哉! 此可一言而惡, 惟浚所擧顏子事便是了. 只要知身 心 意 知 物是一件.」

《전습록》〈문인육구천록〉 201조 : 구천(九川)이 물었다. "어떻게 해서 그것이 정성된 공부입니까? 희안(希顔)은 저에게 몇 번이고 생각하여 체득하라 하였으나, 끝내 깨닫지 못하여 여쭙습니다."

선생께서 말씀하셨다. "애석하구나! 그것은 한 마디면 깨달을 수 있는 것인데. 자네가 예로 든 희안의 일만 해도 그렇네. 몸, 마음, 뜻, 앎이 모두 하나의 일이라는 것만 알면 되는 것이지."

〈긍정〉

1 毛子水(마오쯔수이, 1893~1988, 베이징대 교수) 주해, 王雲伍(왕윈우, 1888~1979, 출판인) 편수,《論語今註今解(논어 금주금해)》〈옹야〉, 86~87쪽.

2 위의 책

3 Herbert Fingarette 저, 彭國翔・張華 역,《Confucius : The Secular as Sacred》(한국어판 제목은《공자의 철학 : 서양에서 바라본 예에 대한 새로운 이해》-옮긴이)

4 위의 책

5 위의 책

6 余英時,《中國知識人之史的考察(중국 지식인 역사의 고찰)》

7 David L. Hall・Roger T. Ames 저, 何金俐 역,《通過孔子而思 (Thinking Through Confucius)》

8 위의 책

9 Roger T. Ames,《Mengcius Learning of Mental Nature》

참고문헌

Kant Immanuel, (1785). Groundwork of the metaphysics of morals. In Elizabeth Schmidt Radcliffe, Richard McCarty, Fritz Allhoff & Anand Vaidya (eds.), Late Modern Philosophy: Essential Readings with Commentary. Blackwell.

Parfit, Derek (2011). On What Matters: Two-Volume Set. Oxford University Press.

회사 앞 카페에서 철학자들을 만난다면

출근길엔 니체, 퇴근길엔 장자

제1판 1쇄 인쇄 | 2024년 6월 19일
제1판 1쇄 발행 | 2024년 6월 25일

지은이 | 필로소피 미디엄
옮긴이 | 박주은
펴낸이 | 김수언
펴낸곳 | 한국경제신문 한경BP
책임편집 | 윤효진
저작권 | 박정현
홍 보 | 서은실·이여진·박도현
마케팅 | 김규형·정우연
디자인 | 장주원·권석중
본문디자인 | 디자인 현

주   소 | 서울특별시 중구 청파로 463
기획출판팀 | 02-3604-590, 584
영업마케팅팀 | 02-3604-595, 562   FAX | 02-3604-599
H | http://bp.hankyung.com   E | bp@hankyung.com
F | www.facebook.com/hankyungbp
등   록 | 제 2-315(1967. 5. 15)

ISBN 978-89-475-4855-7 03100